AF405292

El transporte internacional por carretera

Alfonso Cabrera Cánovas

Biblioteca de Logística

El transporte internacional por carretera

Alfonso Cabrera Cánovas

*Manual práctico para la gestión
y contratación del transporte internacional
de mercancías por carretera*

Con la colaboración de:

www.logisnet.com

BOOKS

Colección: Biblioteca de Logística
Director: David Soler

El transporte internacional por carretera
1.ª edición, 2011

© 2011, Alfonso Cabrera
© de esta edición, incluido el diseño de la cubierta, ICG Marge, SL
© Fotografía de la portada, Anna Palacios

Edita
Marge Books - València, 558, ático 2.ª - 08026 Barcelona
Tel. +34-932 449 130 - Fax +34-932 310 865 - www.marge.es

Gestión editorial: Hèctor Soler, Anna Palacios
Edición: Beatriz García
Colaboración editorial: Roser Pérez
Compaginación: Mercedes Lara
Impresión: CGAnmar (Rubí, Barcelona)

ISBN: 978-84-15340-06-5
Depósito Legal: B-

A mi hija Virginia.

El autor

Alfonso Cabrera Cánovas (Murcia, 1973) se licenció en Ciencias Económicas y Empresariales en 1996. Inmediatamente después de su licenciatura, inició su carrera como profesor de Comercio Exterior, en la especialidad de Organización y Gestión Comercial, para la Consejería de Educación y Cultura de la Región de Murcia. Desde 1996 es profesor de Transporte Internacional de Mercancías, ciclo de grado superior en Comercio Internacional que imparte en el IES Príncipe de Asturias de Lorca (Murcia).

Aunque siempre ha estado vinculado a la formación profesional, es profesor de numerosos cursos, seminarios y másteres sobre transporte nacional e internacional, dirigidos a directivos y técnicos, en Cámaras de Comercio (Murcia, Lorca), Escuelas de Negocio (ADL-Asociación para el Desarrollo de la Logística, Estema-Universidad Europea de Madrid, Iniciativas Empresariales, etc.) y universidades (Universidad Carlos III, Universidad Nacional de Educación a Distancia-Uned, etc.).

Es autor de varios libros relacionados con el transporte de mercancías, entre otros *El contrato de transporte por carretera* (Ley 15/2009) (Marge Books, 2010) y *Transporte internacional de mercancías* (Instituto Español de Comercio Exterior-Icex, 2011) donde aborda los aspectos comerciales, técnicos y tarifarios relacionados con la contratación del transporte internacional por cualquier medio y su relación con las reglas Incoterms® 2010.

www.formacionentransporte.es
alfonsoprofesor@yahoo.es

Índice

Capítulo 4
El seguro en el transporte internacional por carretera   127

Capítulo 5
Optimización del transporte por carretera   137

Capítulo 6
Casos prácticos de contratación y optimización   185

Bibliografía   197

Abreviaturas

Art.	Artículo.
BOE	Boletín Oficial del Estado.
CCI	Cámara de Comercio Internacional.
CGC	Condiciones generales de contratación.
CMR	Convenio Relativo al Contrato de Transporte Internacional de Mercancías por Carretera.
CCom	Código de Comercio.
JAT	Junta arbitral de transporte.
LAR	Ley de Arbitraje (60/2003de 23 de diciembre).
LCTT	Ley de Contrato de Transporte Terrestre de Mercancías (15/2009 de 11 de noviembre).
LCS	Ley de Contrato de Seguro (50/1980 de 8 de octubre).
LOTT	Ley de Ordenación de los Transportes Terrestres (16/1987 de 30 de julio).
MFOM	Ministerio de Fomento.
OFOM 238	Orden del Ministerio de Fomento 238/2003 de 31 de enero.
ROTT	Reglamento de la Ley de Ordenación del Transporte (Real Decreto. 1211/90 de 28 de septiembre).

Introducción

El nivel de globalización de la economía obliga, a la vez que permite, que cualquier empresa contemple el mercado internacional como el escenario natural de sus operaciones. Este proceso de internacionalización implica gestionar operaciones más complejas que las domésticas o nacionales por diferentes motivos: mercados y canales de distribución en los que se requiere adaptar el producto, transportes de mayor duración, prácticas comerciales y legislación diferentes, negociación más complicada de las operaciones unida a la diferencia de idioma, gestiones fiscales y aduaneras, uso de medios de pago específicos del comercio internacional, etc.

Cualquier organización que inicie su proceso "natural" de internacionalización necesita conocer determinadas herramientas, entre las que destacan la logística y, dentro de ella, la gestión del transporte internacional de mercancías.

En los últimos cincuenta años, el transporte internacional por carretera se ha convertido para las empresas españolas en el principal medio de intercambio de sus mercancías en sus tráficos de importación y exportación con la Unión Europea y con sus mercados periféricos. A diario, miles de vehículos de carretera materializan los intercambios comerciales de los que depende la economía y el aprovisionamiento de los mercados.

Las empresas, ya sean estas usuarias (cargadoras) del transporte o actúen como transportistas, necesitan conocer y optimizar todos los aspectos relativos al transporte internacional por carretera para mejorar sus niveles de servicio, como condición indispensable para adoptar una política colaborativa en la cadena de suministro y mejorar su posición en el mercado.

Este libro ofrece orientaciones prácticas y útiles para que las empresas intervengan de forma eficiente en la contratación y gestión del transporte internacional de mercancías por carretera. Además de ofrecer una radiografía del sector, aborda diferentes aspectos de interés como son las reglas Incoterms® 2010, la aplicación práctica el Convenio CMR, el seguro de transporte internacional por carretera y las vías de optimización de este medio de transporte, tanto para cargadores como para transportistas.

Tras ofrecer una radiografía con las características esenciales del sector, se analiza la tipología de empresas operadoras (transportistas, intermediarios, agencias, transitarios, etc.) y la oferta de servicios (carga completa, paletería, paquetería, etc.) en que se concreta el transporte internacional por carretera, para pasar a exponer las perspectivas de futuro del sector, siempre unidas a la intermodalidad y comodalidad.

Un aspecto clave en la correcta contratación del transporte internacional por carretera es su coordinación con el contrato de compraventa internacional, del que suele derivarse mediante las reglas Incoterms® 2010, que son objeto de estudio, así como la aplicación práctica de aquellas susceptibles de uso combinado con carretera (reglas Incoterms® EXW, FCA, CPT, CIP, DAT, DAP y DDP), tanto en el cálculo de precios de venta como en el de atribución de riesgo a vendedor o comprador, una vez ocurrido un siniestro durante el transporte internacional por carretera.

Por otro lado, conviene conocer con detalle la aplicación práctica del Convenio CMR que regula, de forma imperativa, el contrato de transporte internacional de mercancías por carretera y que estipula algunos aspectos clave, como la formalización de la carta de porte CMR, el régimen de responsabilidad del transportista, los plazos y jurisdicción aplicables a las reclamaciones, los aspectos que se pueden pactar y aplicar al contrato de transporte, el papel de los intermediarios, el derecho de disposición, las posibles declaraciones de valor y de interés especial en la entrega y sus implicaciones, así como la importancia de una adecuada orden de carga o de transporte que constituya un precontrato entre las partes.

El transporte de mercancías es una actividad sujeta, como muchas, a riesgos, pero quizá en ella son más evidentes y probables hasta el punto que se han regulado de forma específica. Por ello, la empresa cargadora y la transportista deben conocer dicha regulación y las opciones que ofrece el mercado para cubrir sus riesgos, partiendo de que el contrato de transporte y el de seguro están muy relacionados pero son independientes.

Finalmente, este libro presenta una batería de opciones para optimizar la gestión y contratación del transporte internacional por carretera, unas enfocadas a la empresa cargadora, otras para la transportista, y otras para ambas, en un escenario presente y futuro de intermodalidad, que constituye una vía indispensable para el desarrollo del sector. Aspectos como la correcta preparación de la carga para su transporte, el adecuado uso del espacio de los vehículos, el tratamiento y la reducción de los costes del transportista, el recurso a la intermodalidad y la aplicación de las tecnologías de la información ofrecen un amplio abanico de posibilidades para la optimización del transporte internacional por carretera, que deben ser aplicadas para hacer más eficientes y eficaces las actividades en los mercados exteriores.

En el último capítulo se presentan casos prácticos documentados mediante los que tratamos de exponer, en escenarios de operaciones basadas en la realidad, algunas de las orientaciones prácticas ofrecidas en el libro: uso adecuado de una orden de carga o transporte, tratamiento de las reclamaciones, límites de indemnización del transportista, documento de registro del intercambio de palés, solicitud de intervención de junta arbitral de transporte, etc.

Confiamos que este libro constituya una herramienta sumamente útil para los profesionales que desarrollan su actividad en organizaciones relacionadas con el transporte internacional de mercancías por carretera: empresas cargadoras, transportistas, operadores logísticos, asesorías, aduanas, aseguradoras e intermediarios, entre otros.

Capítulo 1

Introducción al transporte internacional por carretera

1 El transporte en la economía y el comercio internacional

El transporte es un sector estratégico para la economía, pues permite la movilidad de personas y mercancías, la cohesión territorial, la libertad de circulación y el desarrollo económico. Entre los distintos modos de transporte, el de carretera tiene un papel predominante a escala nacional e internacional.

En la Unión Europea, del total de toneladas/kilómetro (t/km) transportadas en 2008, el 45,9 % de los intercambios intracomunitarios se llevó a cabo mediante transporte por carretera, seguido por el transporte marítimo con el 36,6 %, el 10,8 % correspondió al transporte por ferrocarril, el 3,6 % al transporte por ríos y aguas navegables, el 3 % al transporte por tubería y el 0,1 % al transporte aéreo. Además, en el período comprendido entre 1995-2008, el transporte por carretera aumentó en la Unión Europea en un 45,7 %, frente al 30,7 % del marítimo y el 14,7 % del ferroviario.

Por lo que respecta a España, el 57 % de sus intercambios comerciales se efectúa por carretera. Los principales mercados de destino son Francia, Alemania, Portugal, Italia y Gran Bretaña, países a los que se accede mayoritariamente por carretera. En el mercado español, los datos indican una mayor preponderancia del transporte por carretera, mediante el que se transportan el 81,7 % de las toneladas/kilómetro, seguido del transporte marítimo con un 11,6 % y del ferrocarril con un 4,2 % (el resto lo asume el transporte aéreo y el transporte por tubería).

Según datos del anuario estadístico del Ministerio de Fomento[1] referidos a 2009, se contabilizaban en España unos 378.000 vehículos de transporte público. De ellos, 131.699 estaban autorizados para realizar transporte internacional por carretera (licencia comunitaria, bilateral y de la CEMT). En dicho período se transportaron un total

---

[1] Para mayor información, visitar el sitio web del Ministerio de Fomento (www.mfom.es) y consultar el área de Estadísticas y Publicaciones: Información estadística.

de 53,45 millones de toneladas (56.508 millones de toneladas/kilómetros) en el ámbito internacional.

Estos datos dibujan un panorama de absoluta dependencia del comercio internacional en España y Europa respecto del transporte por carretera. Su enorme crecimiento y sus efectos negativos (costes energéticos, congestión de la movilidad, contaminación, siniestralidad, etc.) han provocado que la Unión Europea se decante por una política de transporte que fomente la intermodalidad y reduzca la dependencia de la carretera.

Respecto a la importancia del sector en la economía, según datos de 2007, el sector del transporte supone en España el 4,72 % del PIB, del que el 2,48 % corresponde al transporte por carretera, el 0,37 % al transporte aéreo, el 0,12 % al transporte marítimo, el 0,06 % al transporte por ferrocarril y el 1,69 % restante a actividades anexas (almacenaje y otras operaciones logísticas, etc.). En cuanto a la población ocupada, se estima en el 4,53 % del total nacional, correspondiendo un 2,8 % directamente al transporte por carretera, lo que se traduce en aproximadamente medio millón de trabajadores.

Si se analiza el sector desde el punto de vista de la oferta y la demanda, en España hay más de 115.000 empresas de transporte, según datos de 2010 (con una reducción muy significativa en el período 2009-2010), y unos 4.000 operadores de transporte (agencias de transporte, transitarios, operadores logísticos, etc.). La mayor parte de las empresas ofrecen servicio de transporte internacional por carretera.

Respecto a la demanda, la mayor parte de las empresas que necesitan transportar sus mercancías recurren al transporte por carretera. Por otra parte, las empresas españolas que comienzan a operar en los mercados internacionales suelen tener como primer destino la Unión Europea y utilizan el transporte por carretera para gestionar sus operaciones.

El sector presenta problemas estructurales que plantean múltiples interrogantes sobre su futuro desarrollo, mientras que las previsiones apuntan hacia un crecimiento debido a la mayor demanda de transporte de mercancías y el escaso desarrollo de los modos de transporte alternativos (marítimo y ferrocarril). Algunos de estos problemas son los siguientes:

- **Atomización y exceso de oferta**

  En España, se ha producido un tradicional exceso de oferta de transporte por carretera debido a las escasas barreras de entrada en el sector. Por otra parte, la mayoría de las empresas de transporte por carretera tienen un tamaño reducido (el 75 % cuenta con menos de cinco vehículos y la media se sitúa en 3,5 vehículos por empresa), lo que dificulta el acceso al capital necesario para acometer inversiones que mejoren su competitividad y genera un baja capacidad de negociación con los cargadores, normalmente de mayor tamaño, que a su vez implica dificultades en la negociación de los términos de los contratos de transporte (actualización de las tarifas, plazos de cobro adecuados, etc.).

Además, existe un fuerte componente estacional, acentuado en determinados sectores, por ejemplo el transporte frigorífico, dependiente de las temporadas de recolección y comercialización internacional de productos como las frutas y hortalizas.

- **Dependencia del precio del gasóleo y dificultad para repercutir su incremento**
  Debido a la débil posición negociadora frente al cargador, la mayor parte de las empresas de transporte encuentran enormes dificultades para repercutir las alzas en el precio del gasóleo. Esto obliga a reducir los ya de por sí escasos márgenes comerciales.

- **Excesiva intermediación, subcontratación o externalización**
  La reducción de la rentabilidad en el sector lleva a muchas empresas a centrarse en la externalización e intermediación con una aportación de valor limitada, lo que genera que el transportista efectivo realice el servicio de transporte con unos márgenes ínfimos o, incluso, por debajo del coste. Esta situación conduce a su salida del mercado y, como consecuencia, a una reducción de la oferta de transporte que puede ocasionar tensiones en el mercado.

- **Contaminación y siniestralidad**
  La Unión Europea apuesta por otros modos de transporte menos contaminantes y que reduzcan la siniestralidad, en detrimento del transporte por carretera.

- **Inseguridad jurídica por el exceso de normativa y su inestabilidad**
  Debido a algunos de los aspectos citados, la Unión Europea «penaliza» al transporte por carretera con una excesiva regulación (tiempos de conducción y descanso, tacógrafo digital, formación obligatoria, requisitos de acceso al mercado, impuestos al carburante, céntimo sanitario, peajes «euroviñeta», restricciones a la circulación, normativa de cabotaje, etc.). Estas trabas encorsetan a un sector excesivamente regulado y con una normativa cambiante que genera inseguridad jurídica para las empresas.

2 Características esenciales del transporte internacional por carretera

El transporte internacional por carretera posee estas características diferenciales:

- **Servicio puerta a puerta**
  Es el único modo con la capacidad de penetración suficiente (con excepción del transporte por ferrocarril mediante apartaderos) para realizar la recogida y entrega en cualquier punto de origen y destino. Los demás modos de transporte requieren apoyarse casi siempre en la carretera para realizar los trayectos iniciales hasta las infraestructuras de inicio de sus servicios (puertos, estaciones de ferrocarril o aeropuertos) y las entregas en destino a partir de los mismos.

- **Independencia y accesibilidad**

  Como consecuencia de su capacidad de penetración, el transporte por carretera permite que cargador, porteador y destinatario organicen las operaciones de transporte con un alto grado de libertad e independencia de horarios e infraestructuras. Se pueden planificar los horarios de recogida y entrega, existe libertad para pactar las condiciones de la carga y descarga, así como de las operaciones auxiliares (almacenaje, manipulación u otras) según los requisitos de cada envío. La contratación del transporte es muy ágil y un cargador puede hacerla de manera sencilla, obteniendo una respuesta inmediata adaptada a sus exigencias, mientras que en el resto de modos de transporte el envío suele adaptarse a las características de la oferta de transporte (horarios, frecuencia o trayectos predefinidos.

- **Adaptación a los requisitos del envío**

  Las características de penetración e independencia, unidas a la adecuación del vehículo y el servicio a los requisitos del envío, permiten que el transporte por carretera ofrezca una gran flexibilidad, entendida como la capacidad de adaptarse en cada operación a las necesidades del cargador. Existe una amplísima variedad de vehículos, con diseños aptos a cada tipo de mercancía[2] (desde vehículos caja genéricos hasta los especializados para el transporte de ropa colgada, peces vivos, productos perecederos y mercancías peligrosas.). Esta adaptabilidad y la diferente capacidad de carga (desde furgonetas para distribución urbana hasta grandes camiones con capacidad de carga para 25 t) ofrecen al cargador la posibilidad de obtener un servicio casi a medida: camión completo frigorífico, grupaje, paquetería, envío urgente de prenda colgada, paletería *express* de mercancía peligrosa, etc.

- **Rapidez en la entrega y adecuación del plazo de transporte**

  La posibilidad de organizar los horarios con plena autonomía, la agilidad en la contratación del transporte y su puesta en práctica, la velocidad de los vehículos, la calidad de las redes viarias y la posibilidad de entrega puerta a puerta hacen del transporte por carretera un modo de transporte rápido en un ámbito de hasta 3.000-4.000 km, con ofertas que se adaptan a los requisitos de urgencia y plazo de entrega que requieren los envíos. De hecho, el transporte por carretera es un modo clave en la puesta en práctica de sistemas logísticos con plazos de entrega ajustados (justo a tiempo, transporte urgente, etc.).

  El ferrocarril y, sobre todo, el avión son medios potencialmente más rápidos, pero la rigidez de su oferta y la necesidad de adaptarse a los procesos de recogida y entrega (ruptura de carga, horarios e inspecciones) en sus infraestructuras

---

[2] Véase apartado 2.1.2 del capítulo 5.

(estaciones y aeropuertos) restan velocidad desde el punto de vista global de una cadena de transporte.

- **Pieza clave en los sistemas logísticos**
  La cadena logística, enfocada hacia un flujo tenso de entregas continuas que deben minimizar el volumen de existencias y garantizar la entrega, requiere de un modo de transporte tan flexible como la carretera que permita desarrollar las recogidas y entregas en servicios puerta a puerta.

- **Control y seguimiento del envío (trazabilidad)**
  Mediante sistemas de localización y el apoyo de las tecnologías de la información, el transportista puede controlar y hacer el seguimiento en línea de los envíos. Esta información se ofrece a los clientes (que necesitan controlar sus envíos y asegurar la entrega al cliente final) como un factor diferenciador y un valor añadido de sus servicios respecto a la competencia de otros modos de transporte (posibilidad de recibir información exacta del envío, recepción de albaranes o cartas de porte con prueba de entrega, etc.).

- **Articula la intermodalidad y fomenta las cadenas de transporte eficientes**
  Para paliar los efectos negativos del transporte por carretera y ganar en eficiencia, el mercado del transporte tiende hacia la creación de cadenas de transporte intermodal aplicando la comodalidad (uso óptimo de cada medio de transporte para el desarrollo de cadenas logísticas eficientes y sostenibles). El transporte por carretera es una pieza clave para los acarreos de origen y destino previos a cualquier otra fase de transporte con un modo distinto, como ferroviario, marítimo, aéreo o la combinación de varios de ellos.

- **Escasas barreras de entrada**
  Desde el punto de vista del transportista, con una limitada inversión es posible disponer de los vehículos y cumplir los requisitos que la Administración exige para ejercer la profesión. Estos requisitos son aún menores en el caso de actuar como operador de transporte (agencia). Estos factores han generado tradicionalmente atomización, exceso de oferta y subcontratación en el sector.

3 Análisis de la oferta según empresas y servicios

3.1 Tipología de empresas

Para contratar el transporte internacional por carretera el cargador puede recurrir directamente a una empresa de transporte u optar por un operador de transporte (agencia, transitario y almacenista-distribuidor). Las principales características de cada tipo de empresa son:

- **Empresa de transporte internacional por carretera**
  Está habilitada para desarrollar transporte nacional y además dispone de las correspondientes autorizaciones de transporte internacional para sus vehículos (licencia comunitaria, autorización CEMT o autorización bilateral). Se trata de empresas con flota propia de vehículos y conductores para prestar los servicios contratos por sus clientes. Pueden, a su vez, intermediar en la contratación de servicios de transporte.

  Una empresa de transporte suele organizarse por departamentos en función de sus principales áreas de actuación: tráfico, comercial, compras, administración y contabilidad, recursos humanos, calidad, etc.

  El departamento de tráfico gestiona la actividad principal y acostumbra a dividir su personal en función de los mercados (exportación o retorno, idioma y tipo de servicio). Entre sus tareas están las de asignar vehículos a los servicios, controlar el cumplimiento y desarrollo de éstos, localizar los vehículos y las cargas, subcontratar los servicios que se externalicen, formalizar y enviar las órdenes de carga, y resolver las incidencias que se presenten en las operaciones (retrasos, dificultades en la documentación, etc.).

- **Operador de transporte**
  Los demás ofertantes de transporte por carretera quedan encuadrados según la normativa vigente[3] dentro de la categoría de operadores de transporte, entre los que se distinguen los siguientes:

  - *Agencia de transporte*
    La Ley de Ordenación de los Transportes Terrestres (LOTT) dedica a su regulación el artículo 120 y siguientes. Se trata de empresas que realizan funciones de mediación entre cargadores y transportistas. Su actividad es estrictamente comercial y pueden disponer o no de vehículos propios, por lo que suelen colaborar con transportistas efectivos a los que contratan. Para realizar su actividad pueden contratar cualquier medio de transporte, sea en el ámbito nacional o el internacional (a diferencia del transitario, que está limitado al internacional).

    Contratan en nombre propio, tanto con el transportista efectivo como con el usuario de sus servicios, por lo que ocupan la posición de cargador frente al transportista efectivo y de transportista frente a su cliente, generándose de esta

---

[3] Ley 16/1987 de Ordenación de los Transportes Terrestres (LOTT), de 30 de julio (BOE del 31 de julio de 1987) y Real Decreto 1136/1997, de 1 de julio.

manera dos contratos de transporte (véase el artículo 3 del Convenio CMR tratado en el capítulo 3 de este libro). La LOTT les obliga a contratar exclusivamente con transportistas autorizados, a los que deben exigir la documentación en vigor. Sus actividades más comunes son las de gestión, información, oferta y organización de cargas y servicios para llevar a cabo la contratación y ejecución de los transportes.

Las agencias se clasifican en agencias de carga completa y de carga fraccionada. Estas últimas realizan servicios de transporte que requieren actividades complementarias y accesorias al traslado de la mercancía (envase y embalaje, clasificación, recogida y entrega previas al transporte principal, etiquetado y otros servicios logísticos).

— *Transitario*
La LOTT dedica el artículo 126 a las funciones del transitario. Éstas son similares a las de las agencias en cuanto a la intermediación, pero con la diferencia de que el transitario está limitado al transporte internacional (sólo puede intervenir en operaciones nacionales cuando éstas sean el principio o el final de una operación internacional).

El transitario ofrece más servicios que la agencia de transporte, dado que está especializado en la organización y gestión del transporte internacional y desarrolla actividades de despacho y tránsito en aduanas; el depósito y almacenaje de las mercancías; la coordinación, reexpedición y el trasbordo de las cargas; la consolidación y desconsolidación de las mercancías en origen y destino; la recepción, consignación y puesta a disposición de las mercancías, etc. Todo este rango de operaciones hace del transitario un verdadero «arquitecto del transporte» y una figura clave en las operaciones internacionales que entrañen cierta dificultad (apertura de nuevos mercados, operaciones con terceros países, expediciones parciales, documentaciones, etc.).

— *Almacenista-distribuidor (operador logístico)*
Sus funciones se hallan reguladas en el artículo 125 de la LOTT. La principal de ellas es recibir en depósito mercancías o bienes de terceros para su almacenaje y distribución posterior (ésta puede ser nacional o internacional).

Por medio del contrato de depósito que le une a sus clientes cargadores se compromete a desarrollar operaciones de almacenaje, custodia, manipulación, administración, control, preparación de pedidos y la distribución nacional o internacional (por cualquier modo de transporte y con vehículos propios o subcontratados) cumpliendo con las instrucciones de sus clientes.

La figura de operador logístico, sin regulación específica en la normativa vigente, coincide con la de almacenista-distribuidor. Los operadores internacionales ofrecen una enorme gama de servicios al cliente cargador, aunando las funciones logísticas con las de transporte internacional e incluyendo las que tradicionalmente efectúan los transitarios. Suelen especializarse por mercado y tipo de producto. Por ejemplo: operador logístico de producto refrigerado e implantación en el mercado comunitario.

3.2 *Tipología y oferta de servicios*

Los tipos de empresas descritos en el apartado anterior ofrecen una gama de servicios de transporte internacional por carretera adaptada a los requisitos del cliente y el envío. La oferta la diseña la demanda concreta en cada operación, pero se diferencian cuatro tipos de servicio: camión completo, paletería, paquetería y mensajería.

En algunos casos, presentamos unas tarifas de servicio basadas en tarifas reales para observar los parámetros de los que depende el servicio y su precio.

- **Camión completo**
  La empresa de transporte asigna un vehículo específico para el transporte de un envío (carga completa en camión completo). Aunque no se complete la capacidad de carga del vehículo, la operación y su contratación se determina en función de los requisitos específicos del envío y el cargador.

  El camión completo recoge todo el envío en el almacén del expedidor y lo transporta hasta las instalaciones del destinatario. El precio, el plazo y demás condiciones se negocian entre cargador y porteador. Este servicio se adapta a las necesidades del cargador y le garantiza que el vehículo se reserva exclusivamente para su servicio, que no se transportan otras cargas y que la mercancía no se va a manipular hasta llegar a destino. Por el contrario, el cargador debe pagar el precio total del transporte efectuado por dicho vehículo, lo haya completado o no.

  Por el contrario, en las modalidades de servicio que exponemos a continuación, la mercancía comparte vehículo con otras cargas de otros cargadores, es decir, se agrupan o consolidan las cargas (servicio de agencia) en distintas modalidades para compartir el coste del transporte y obtener tarifas más reducidas.

- **Paletería**
  Cargador y transportista acuerdan el transporte de palés cargados de mercancía (europalés, isopalés u otras medidas) desde un punto a otro. Es un servicio muy común, pues en muchas ocasiones las ventas realizadas implican un envío de dimensiones insuficientes para llenar un camión completo.

  Así pues, los palés de varios clientes comparten el mismo vehículo y el transportista gestiona las operaciones basándose en distintos parámetros: recogidas periódicas en origen, clasificación en un centro de transporte, organización de las rutas según lugares de origen y destino, optimización del vehículo, plazos

MODELO DE TARIFA DE PALETERÍA

Provincia	Importe mínimo	Precio del servicio en €/kg bruto según distancia recorrida				
		Hasta 500 km	*501-2.000 km*	*2.001-4.000 km*	*4.001-8.000 km*	*Más de 8.000 km*
Barcelona	38	0,1365	0,1132	0,1015	0,6582	0,6511
Madrid	38	0,1365	0,1132	0,1015	0,6582	0,6511
Valencia	38	0,1245	0,9845	0,8732	0,5419	0,5374
Sevilla	38	0,1419	0,1237	0,1163	0,7639	0,7118

Tabla 1.1. Modelo de paletería nacional e internacional. Datos desde algunas provincias de origen.

de entrega, mercancías compatibles para transportarlas en el mismo vehículo, entregas en destino, etc.

La tabla 1.1 refleja un modelo de tarifa aplicable al transporte de palés.

Algunos operadores aplican tarifas de paletería en función de unos parámetros definidos de peso y altura del palé cargado. Así se distingue entre: cuarto, medio y palé completo, es decir, *quarter* palé (hasta 250 kg y 60 cm de altura), *half* palé (hasta 500 kg y 1 m de altura) y *full* palé (hasta 1.200 kg y 2,2 m de altura).

- **Paquetería**

Es un servicio de carga fraccionada, grupaje o servicio de agencia cuyos vehículos transportan bultos (cajas, sacos, bidones, etc.) de múltiples expedidores y para múltiples destinatarios. El transportista debe desarrollar una serie de operaciones y contar con medios e infraestructuras para llevarlas a cabo: almacenes de clasificación y tratamiento de las mercancías, señalización y etiquetado, medición y control de las cargas, recogidas en origen, agrupamiento según destinos, transporte principal entre almacenes y plataformas, entrega en destino en reparto capilar, etc.

La oferta de estos servicios suele ajustarse a unas limitaciones de los envíos en peso y dimensiones. Se ofrecen tarifas, por ejemplo, para un peso máximo de hasta 30 kg o hasta 100 kg, volumen de hasta 0,3 m³ y dimensión de hasta 2 m). Además, se puede limitar el número máximo de bultos por expedición. También se ofrecen tarifas en función de otros criterios: por ámbito (nacional, europeo o internacional), o por peso máximo (hasta 30, 50 o 100 kg por envío).

Para estos servicios se aplican unos coeficientes que relacionan peso y volumen, de forma que se cobra entre el mayor de dos dimensiones: peso en báscula o peso de volumen. Es habitual aplicar una equivalencia entre 1 m³ y 250 kg, o similares, dependiendo del operador. En caso de combinar con transporte aéreo, según normativa de la IATA, 1 m³ equivale a 167 kg de peso.

El cargador debe estudiar las ofertas posibles con cada operador basándose en los parámetros que caracterizan su demanda: ámbito (países y zonas de recogida y entrega), plazos o requisitos de los envíos, etc. Las herramientas de cálculo le ayudarán a determinar la opción más conveniente, aquella que le suponga un menor coste global de transporte: por ejemplo, contratar éste con un solo operador para todos los envíos internacionales o con varios según el ámbito (nacional e internacional, diferenciar por países, etc.).

La tabla 1.2 contiene un modelo de tarifa aplicable al transporte de paquetería internacional.

Caso práctico

Cálculo de peso tarifario (1 m³ equivale a 250 kg):

a) Un envío de paquetería mide 150 × 140 × 130 cm y pesa 170 kg.
Para determinar su peso de volumen se aplica la equivalencia. Si 1 m³ equivale a 250 kg, 2,73 m³ (1,5 × 1,4 × 1,3 m) equivalen a 682,5 kg (peso por el que pagará la tarifa al superar los 170 kg de peso real).

b) Un envío de paquetería mide 120 × 90 × 40 cm y pesa 170 kg.
Para determinar su peso de volumen se aplica la equivalencia. Si 1 m³ equivale a 250 kg, 0,432 m³ (1,2 × 0,9 × 0,4 m) equivalen a 108 kg (el envío pagará por 170 kg de peso al superar su peso real el peso equivalente de volumen).

- **Mensajería/documentación**
  Modalidad de transporte de paquetería (requiere una gestión similar) para envíos de hasta 2 kg (el peso máximo depende del operador) o para documentación. Suele cubrir una demanda del mercado de entrega puerta a puerta de pequeños envíos (muestras comerciales, compras por internet, televenta, venta por catálogo, etc.). Los documentos son de lo más variado, desde contratos a folletos comerciales y otros.

Las modalidades de servicio expuestas se adaptan a los requisitos específicos de cada envío, de manera que surgen servicios con compromiso de entrega en un plazo determinado, servicio *express, courier* internacional, entrega antes de una hora del día siguiente o plazo estipulado, modalidades *(Premium, Economy, etc.),* mercancías específicas (peligrosas, perecederas...), etc.

Algunos sitios web[4] ofrecen la posibilidad de comparar precios y servicios de los principales operadores de paletería y paquetería (DHL, UPS, MRW, SEUR, NACEX, MEX, Chrono Express, etc.). Conviene consultarlas para comprobar la enorme oferta y su adaptación a los requisitos del envío.

---

[4] Para más información, visitar los sitios web www.enviosimple.com o www.enviodepaquetes.es

MODELO DE TARIFA DE PAQUETERÍA INTERNACIONAL
(HASTA 30 KG DESDE BARCELONA SEGÚN DESTINO)

Peso en kg hasta	*Precio por envío según peso y zona de destino*		
	Zona 1	*Zona 2*	*Zona 3*
	Alemania, Austria, Francia, Holanda	Finlandia, Suecia, Noruega, Irlanda	Grecia, Polonia, Hungría, Eslovenia
1	24,32	28,48	39,58
3	27,80	32,29	42,73
5	32,45	37,41	51,31
10	36,72	44,43	54,59
15	42,78	47,92	63,28
20	47,39	54,60	66,75
30	56,32	62,55	72,49

Condiciones del servicio de paquetería internacional:
– Peso máximo 30 kg.
– Longitud máxima 1,75 m por bulto.
– Volumen máximo 0,3 m³ por expedición.
– Tres bultos máximo por expedición.
– No se admiten mercancías peligrosas, perecederas, joyería ni animales vivos.
– Destinos con despacho de aduanas: 19 €/despacho.

– Recargo por combustible. Estas tarifas se basan en el coste del gasóleo a 1 de enero de 2008. La variación del coste del gasóleo desde dicha fecha se aplicará a la factura final del servicio en cumplimiento de la Orden FOM/2184/2008 de 23 de julio de 2008 (BOE del 25 de julio de 2008).
– Oferta válida hasta 31 de diciembre de 2012.

Tabla 1.2. Modelo de paquetería internacional expedida desde Barcelona.

4   Infraestructuras del transporte internacional por carretera: plataformas logísticas y centros de transporte

El transporte por carretera no requiere infraestructuras especiales para su ejecución debido a que el servicio se realiza puerta a puerta (se carga y descarga en los muelles del expedidor y destinatario) y con total independencia (casi continua disponibilidad de las redes viarias).

Sin embargo, el desarrollo de las plataformas logísticas, los centros de transporte, las redes viarias o sus áreas de servicio fomenta, a su vez, el desarrollo y la optimización del sector y su conexión con otros modos de transporte, lo que facilita el incremento de los tráficos.

4.1   Plataformas logísticas

Son puntos de convergencia de las cadenas intermodales de transporte en las que se realizan actividades de valor añadido relacionadas con las mismas: carga y descarga de mercancías, ruptura de carga e intercambio modal, consolidación y desconsolidación de envíos, grupaje, identificación y etiquetado de mercancías, trámites aduaneros, paletizado de mercancías, almacenaje, depósito, etc.

Según la definición de Europlatforms[5] de 1992, «las plataformas logísticas son zonas donde se ejercen, por diferentes operadores, todas las actividades relativas al transporte, a la logística y a la distribución de mercancías, tanto para el tránsito nacional como el internacional». Es un concepto muy amplio que ha generado realidades muy diversas en función del territorio donde se ubican las plataformas.

Las plataformas canalizan el tráfico y los flujos de carga optimizando las rutas y los servicios de transporte. Su planteamiento intermodal fomenta la conexión de cargas entre modos de transporte y la creación de cadenas de transportes intermodales eficientes y sostenibles (comodalidad) que mejoran la competitividad de los productos en los mercados internacionales.

Si clasificamos las plataformas atendiendo a la diversidad de modos de transporte que operan en ellas, se debe incluir los puertos marítimos, las zonas de actividades logísticas portuarias, los centros y terminales de carga aérea, las estaciones ferroviarias y los puertos secos.

Aquéllas donde opera un solo modo de transporte se denominan, en el caso del transporte por carretera, centros de transporte, centros integrados de transporte o centros de mercancías.

4.2 *Centros de transporte*

Las empresas de transporte se ubicaron hasta las últimas décadas del siglo XX en lugares próximos a los centros de las ciudades de las que obtenían sus cargas. No obstante, el incremento de los tráficos y el desarrollo urbano generaron desde los años sesenta numerosos problemas: inadecuación de las vía urbanas a los vehículos de transporte, restricciones al paso de los mismos, deterioro de los pavimentos de las ciudades, inseguridad vial, contaminación ambiental y acústica, congestión, etc.

Para resolver estos problemas se crearon unas infraestructuras de concentración y apoyo al transporte por carretera denominadas centros de transporte, centros integrados de mercancías, ciudad del transporte o centros de mercancías. Son plataformas logísticas unimodales situadas cerca de otras plataformas logísticas con las que se conectan mediante la carretera.[6]

En la práctica, los centros de transporte constituyen polígonos de tipo logístico-industrial especialmente diseñados para acoger a todo tipo de empresas relacionadas

---

[5] Europlatforms es la asociación europea de plataformas logísticas. Para más información, visitar www.europlatforms.eu.

[6] En España están agrupadas en la Asociación de Centros de Transporte de España (Acte). Para ampliar información, visitar el sitio www.acte.es.

con el transporte por carretera, la logística y sus servicios auxiliares: agencias de carga completa y fraccionada, almacenaje y distribución, aduanas, grupaje y servicios generales (talleres, concesionarios, restauración, bancos, seguros, centros de formación profesional, etc.).

La ubicación de las empresas en estos centros les proporciona diversas ventajas:

- Disponibilidad de instalaciones adecuadas para desarrollar actividades logísticas y de transporte, así como de una amplia oferta de servicios auxiliares (tecnologías de la información y la comunicación, vigilancia, alumbrado, etc.).
- Proximidad de una gran ciudad o núcleo industrial y fácil conexión con otros modos de transporte y plataformas logísticas multimodales.
- Aprovechamiento de sinergias por la interrelación entre empresas complementarias dentro del mismo sector (transportista y almacenista pueden en conjunto ofertar un servicio logístico).

En este sentido, se estima que una agencia de carga fraccionada puede obtener un ahorro del 10 % de sus costes totales y un 12 % las empresas de almacenaje.

5 Perspectivas de futuro del transporte internacional por carretera. Intermodalidad y comodalidad

Del análisis efectuado al sector se desprende que el transporte internacional por carretera es un elemento clave en el comercio internacional y el desarrollo de la economía. Sin embargo, y como consecuencia de sus efectos negativos (contaminación, congestión, siniestralidad, etc.), su papel en el futuro será el de eslabón clave en las cadenas intermodales de transporte.

La política europea de transporte apuesta por la intermodalidad como un sistema de transporte eficaz, eficiente y sostenible. Surge así un nuevo concepto, la comodalidad, como el uso óptimo de cada modo de transporte para desarrollar cadenas logísticas competitivas.

En el capítulo 5 se tratan ampliamente las alternativas intermodales que pueden permitir la colaboración del transporte por carretera con el transporte marítimo y el ferrocarril.

Capítulo 2

Reglas Incoterms® aplicables al transporte por carretera

1 Las reglas Incoterms® y los contratos de compraventa y transporte

Las compraventas internacionales suelen ser más complejas que las de ámbito nacional por diversos factores:

- Utilización de distintos idiomas entre las partes que suscriben el contrato.
- Diferente legislación y usos comerciales aplicables.
- Riesgo de impago o incumplimiento en la entrega y desconfianza entre comprador y vendedor.
- Cadena logística más compleja (transportes de mayor duración y riesgo).
- Normativa aduanera para la exportación e importación y normativa relativa a la comercialización de los productos (envase y embalaje, requisitos de seguridad, trazabilidad, homologación, etc.).

Por todo ello, conviene normalizar las reglas aplicables a estas operaciones, de manera que no sea necesario pactar para cada compraventa internacional todos los aspectos operativos de coste y riesgo, sino que las partes dispongan de unos términos, formas o posiciones de venta predefinidas y aceptadas internacionalmente.

La aportación más significativa de las reglas Incoterms® (acrónimo de *International Commercial Terms)* al comercio internacional es la normalización, la seguridad jurídica y el entendimiento en las relaciones comerciales –lo que acaba fomentándolas–, ya que mediante la aplicación de una regla Incoterms® se determinan las obligaciones del vendedor y el comprador y se reducen los malentendidos y litigios relativos a la operativa de la compraventa.

Las reglas Incoterms® de la Cámara de Comercio Internacional se pueden definir como «reglas comerciales que, aplicadas a una compraventa, determinan las principales obligaciones a las que se comprometen el vendedor y el comprador».

Así, cuando se suscribe una compraventa aplicando una regla Incoterms® determinada, las partes están acordando (y atribuyéndose entre ellas) la mayoría de las obligaciones resultantes respecto a la entrega de la mercancía y la transmisión del riesgo, la contratación del transporte (qué parte cada uno, vendedor y comprador, y hasta qué punto), los despachos de aduana, la gestión y obtención de los documentos, y el contrato de seguro, entre las más destacadas.

Por tanto, los responsables de una transacción internacional deben conocer y saber aplicar correctamente las reglas Incoterms® para:

- *Ofrecer precios adecuados a los costes previstos por la empresa vendedora o compradora*

> En el caso de una empresa española que efectúa una oferta a un comprador ruso, el precio EXW Madrid debería incluir exclusivamente la fabricación, el envase y embalaje, la documentación del exportador (certificado de origen y otros) y el margen comercial. El vendedor no debe contratar el transporte ni cargar el vehículo (aunque sea una práctica habitual).
>
> Sin embargo, si se pacta la misma venta en condiciones DDP Moscú, el vendedor exportador debe añadir al coste del transporte de Madrid a Moscú los despachos de aduanas y sus impuestos, y cualquier otro coste hasta el destino, excepto la descarga del vehículo.

- *Interpretar correctamente las ofertas de compra de sus proveedores*

> Si un comprador importador ubicado en España recibe una oferta de venta de un proveedor marroquí en condiciones FCA Rabat, debe estudiar la operación para identificar cuáles son las operaciones que tendrá que gestionar y contratar (transporte, aduanas, etc.), y sus costes exactos, para evaluar la rentabilidad de la operación y compararla con otras alternativas.

- *Cumplir con las obligaciones derivadas del contrato de compraventa y exigir, en su caso, el cumplimiento de las recíprocas a la otra parte*

> Vender en condiciones CIP implica contratar un seguro que cubra los riesgos que soporta el comprador por el transporte de las mercancías hasta su destino, lo que debe hacer en las condiciones que especifica la regla Incoterms® o que se hayan acordado en el contrato de compraventa.
>
> Desde la perspectiva de un comprador importador que haya comprado en condiciones CIP, si durante la operación ocurre un siniestro cuya consecuencia es la pérdida de la mercancía, debe saber: que esta regla Incoterms® le atribuye la obligación de pagarla, pero también que el vendedor debe haber contratado un seguro que cubra el riesgo de siniestro y le dé derecho a cobrar una indemnización.

- *Interpretar correctamente los incumplimientos de contrato, atribuyendo las responsabilidades y determinando la parte que debe asumir el riesgo derivado de los mismos*
Es fundamental conocer para cada regla Incoterms® las obligaciones que se derivan para vendedor y comprador. Éstas se pueden (y en ocasiones deben) concretar en el contrato de compraventa.

　　También es clave determinar el momento y la forma de entrega y transmisión del riesgo sobre la mercancía del vendedor al comprador.

En el caso de una empresa española vendedora que acuerda operaciones CPT Ámsterdam, cumple sus obligaciones respecto al transporte contratando y pagando un transporte internacional por carretera hasta dicho punto, pero transfiere el riesgo al comprador holandés (que puede desconocerlo y no cubrirse con un seguro) desde el momento en que el camión abandona las instalaciones del vendedor.

　　Si esa misma operación se pacta DAP Ámsterdam no incluye, por lo general, ningún coste añadido a CPT Ámsterdam, pero implica una gran diferencia en cuanto al riesgo, pues el vendedor lo entrega y transfiere al comprador cuando el camión llega a las instalaciones de éste (en este caso, al vendedor le interesa tener un seguro que cubra su riesgo).

　　La conclusión es que interesa vender CPT y comprar DAP.

- *Negociar la regla Incoterms® adecuada para cada operación*
Vendedor y comprador suelen ofertarse distintos precios asociados a diferentes reglas Incoterms®. Mediante la negociación deben elegir la más adecuada para minimizar los riesgos, controlar la cadena de transporte y cumplir con sus expectativas en la transacción.

　　Adicionalmente, hay que tener en cuenta una serie de criterios (véase el apartado 3.5, «Criterios de elección y definición de las reglas Incoterms®») relativos a medio de transporte, experiencia internacional, minimización del coste logístico global, etc.

Con estos ejemplos se advierte la relevancia que tiene la elección y aplicación de las reglas Incoterms® a una compraventa internacional.

Estas reglas son normas internacionales aplicables al contrato de compraventa, sin embargo, tienen una relación directa con la contratación del transporte de las mercancías objeto de compraventa, pues en función de la regla que se pacte resultan, entre otras, estas implicaciones:

- Quién debe contratar el transporte o qué parte o partes de la cadena logística.
- Quién asume el riesgo de las pérdidas o daños a la mercancía durante su transporte.

Las reglas Incoterms® ayudan a determinar quién ha de contratar y pagar el transporte internacional, el vendedor o el comprador.

Por otra parte, la regla elegida determinará, si ocurre un siniestro en un punto determinado de la cadena de transporte, quién debe asumir las consecuencias en función de si se había entregado la mercancía tal y como lo estipulaba la regla. De forma indirecta, las reglas Incoterms® permiten saber cómo actuar ante un siniestro, si el comprador debe pagar lo que había comprado o si el vendedor ha de reponer la mercancía, y cuál de ellos ha de reclamar al transportista responsable, si lo hubiera (cabe considerar el marco jurídico y las condiciones del contrato de transporte).

2   Alcance y evolución de las reglas Incoterms®

2.1   Alcance de las reglas Incoterms® 2010

Sobre el alcance de las reglas Incoterms® cabe precisar algunos aspectos:

- *Entrada en vigor*
  Las reglas Incoterms® 2010 entraron en vigor el 1 de enero de 2011.

- *Son de aplicación voluntaria y pueden utilizarse versiones anteriores de estas reglas de la CCI*
  Esta voluntariedad permite que vendedor y comprador sigan usando versiones anteriores a las reglas Incoterms® 2010, aunque no es aconsejable. Nada impide que una compraventa se siga rigiendo por la regla Incoterms® «CFR Puerto de Valencia Incoterms® 2000», pero carece de sentido, aunque no se hayan derogado las versiones anteriores. Es conveniente indicar expresamente la versión de las reglas Incoterms® que se está pactando.

- *No regulan todas las reglas y condiciones de una compraventa*
  Las reglas Incoterms® contienen especificaciones clave de la compraventa internacional relativas a la entrega de la mercancía, la distribución de los gastos, la transmisión del riesgo, los despachos de aduana y la documentación que ha de gestionar cada parte.
  Sin embargo, no contienen todos los aspectos de una compraventa internacional y están fuera de su ámbito otras cuestiones importantes, como el medio de pago, la transmisión de la propiedad[1] o la legislación aplicable a controversias

---

[1] Puede verse afectada por acuerdos particulares de todo tipo (reserva de dominio) u operaciones conexas a la compraventa (arrendamiento financiero u otras).

mercantiles del contrato de compraventa. Respecto a esta última cuestión, ante la falta de pacto expreso, se debe atender según la normativa ratificada por los países relacionados con la compraventa, lo que plantea múltiples posibilidades (el referente más aplicado es el Convenio de Viena, de 1980). En la Unión Europea,[2] son competentes los tribunales del país donde se efectúa la entrega, pero aplicando la ley del país del vendedor.

- *No es aconsejable usar «variantes» de las reglas Incoterms®*
Aunque minoritarios, siguen produciéndose casos de aplicación de variantes como EXW *loaded,* FOR *(free on rail),* FOT *(free on truck),* EXF *(ex factory),* PAF *(packed at factory),* DIS *(delivery into store),* FIS *(free into storage)* y otras.
No son aconsejables porque desvirtúan la filosofía de las reglas Incoterms®, al no estar reguladas por la CCI, y obligan a pactar en el contrato el significado e implicación de dichos acuerdos para las partes.

- *No se incorporan al contrato de transporte*
Aunque una regla Incoterms® aplicada a una compraventa determina las obligaciones de las partes respecto a los contratos de transporte internacional, no se incorporan a dichos contratos porque éstos son independientes y están regulados por marcos jurídicos propios. Se aplican las condiciones pactadas en los contratos de transporte, en este caso, entre cargador y porteador, independientemente de que el cargador sea el vendedor o el comprador en la compraventa internacional y de que, como tal, asuma la obligación de pago del transporte o sólo su contratación.
Por tanto, las reglas Incoterms® no regulan de forma directa quién debe reclamar al transportista ante un siniestro. Este aspecto se regula en el marco jurídico aplicable a cada contrato de transporte internacional, en concreto para el modo carretera el Convenio CMR (véase el capítulo siguiente).

- *Se pueden aplicar a compraventas nacionales*
El objetivo inicial de las reglas Incoterms® era estandarizar las compraventas internacionales, pero ya en la edición del año 2000 se recogía también su aplicación a las ventas nacionales. La versión 2010 advierte en numerosas ocasiones de que las obligaciones relativas a los despachos de aduana tienen sentido «cuando sea aplicable» (véanse las obligaciones A2 y B2 de cada regla Incoterms®).
De esta manera, se refuerza su validez para las ventas nacionales y en territorios

---

[2] En el ámbito comunitario, se aplican en estos casos el «Reglamento 44/2001 del Consejo relativo a la competencia judicial, el reconocimiento y la ejecución de resoluciones judiciales en materia civil y mercantil» (Bruselas I) y el «Reglamento 593/2008 del Consejo sobre la ley aplicable a las obligaciones contractuales» (Roma I).

aduaneros como el mercado único europeo. Además, se potencia su aplicación en el mercado interno de Estados Unidos.[3]

2.2   Evolución de las reglas Incoterms®

La Cámara de Comercio Internacional ha tratado de uniformar las prácticas contractuales internacionales; para ello, desde principios del siglo xx encargó estudios y trabajos que cristalizaron en una primera versión de las reglas Incoterms®, publicada en 1936. Posteriores versiones (1953, 1967, 1976, 1980, 1990, 2000 y 2010) se han ido adaptando a las prácticas comerciales y han ido incorporando elementos técnicos y procesos documentales en el comercio internacional: el contenedor, la extensión de la multimodalidad, los medios de pago y las prácticas bancarias, la normativa aduanera, las tecnologías de la información, etc.

La versión de 1990 presentó dos novedades importantes. La primera es que clasificó las reglas Incoterms® en cuatro grupos: E, F, C y D, con características comunes, pero adaptados a las peculiaridades de cada operación (esta clasificación no existe en la versión de 2010).

La segunda, de mayor importancia, fue que las reglas adaptaron un formato de presentación que facilitaba su consulta e interpretación por medio de la sistematización y coordinación de las obligaciones de cada parte respecto a diez aspectos clave de la compraventa. Así, a cada obligación del vendedor le corresponde una obligación complementaria del comprador. Con modificaciones, esta estructura se reprodujo en las versiones de 2000 y 2010 (véase el siguiente apartado 3.2).

3   Las reglas Incoterms® 2010

3.1   Principales innovaciones

Los principales elementos innovadores que aportan las reglas Incoterms® en 2010 son los siguientes:

- *Nueva clasificación en dos grupos*
  Las reglas Incoterms® 2010 se agrupan en dos categorías: las aplicables a cualquier modo o modos de transporte, incluido el transporte por carretera, (EXW, FCA,

---

[3] Hasta la aparición de las reglas Incoterms® 2010 en Estados Unidos, era habitual aplicar términos comerciales recogidos en su Uniform Commercial Code (UCC), con idéntica expresión en algunos casos (FOB, FAS, CIF, C&F, Exship) a las reglas Incoterms® de la CCI, pero con significado distinto. Para evitar confusiones se ha tratado de eliminar esos términos de dicho código mercantil a fin de fomentar la aplicación de las reglas Incoterms® 2010 en Estados Unidos y su comercio exterior.

CPT, CIP, DAT, DAP y DDP) y las específicas para el transporte marítimo y las vías navegables interiores (FAS, FOB, CFR y CIF).

La anterior clasificación en cuatro grupos: E (EXW), F (FCA, FAS y FOB), C (CFR, CIF, CPT, CIP) y D (DAF, DAS, DEQ, DDU y DDP) ya no se contempla, y subyace el criterio de la Cámara de Comercio Internacional de acentuar la división entre las reglas que se deben usar en operaciones multimodales (por ejemplo, con contenedor o transportes internacionales por carretera) y las de aplicación exclusivamente marítima (FAS, FOB, CFR y CIF).

- *Nuevas reglas Incoterms® que sustituyen a otras que desaparecen*
  Los mayores cambios se han producido en el anterior grupo D. Se han reducido de 13 a 11. Se han eliminado el DAF, DES y DDU, que se han sustituido por el DAP *(delivered at place)*, y se ha creado el nuevo DAT *(delivered at terminal)*, que sustituye al también eliminado DEQ.

- *Mayor concreción de las obligaciones relativas a la normativa de seguridad vigente y a su certificación*
  En los despachos de aduana y, en general, en el transporte y tránsito de las mercancías entre países, se ha incrementado la seguridad de las operaciones (protocolos antiterroristas, prevención sanitaria, seguridad para el consumidor, etc.). Las reglas Incoterms® contemplan esta tendencia y las obligaciones derivadas de su cumplimiento (certificaciones, especificaciones documentales, normas de fabricación, estándares de seguridad…). Deben consultarse al respecto las obligaciones A2/B2 y A10/B10 de las reglas Incoterms® 2010.

- *Clarificación de los costes en terminal y su asignación*
  Se ha clarificado el reparto de costes por la manipulación de las mercancías en las terminales marítimas de carga (THC, *terminal handling charge)*, tratando de evitar el cobro duplicado, a vendedor y comprador, de una misma operación. Las reglas Incoterms® 2010 especifican hasta qué punto debe hacerse cargo cada parte.

- *Adecuación a las nuevas coberturas ICC*
  Se adecuan las coberturas de seguro de las reglas Incoterms® CIP y CIF a las del Instituto de Aseguradores de Londres (ICC, Institute Cargo Clauses), actualizadas y en vigor desde el 1 de enero de 2009, que sustituyen a las de 1982.

3.2 Obligaciones de vendedor y comprador

En la siguiente tabla se muestra, y a continuación se analiza, la estructura de obligaciones para cada parte de las reglas Incoterms® 2010.

Obligaciones del vendedor	*Obligaciones del comprador*
A1. Obligaciones generales	B1. Obligaciones generales
A2. Licencias, autorizaciones, acreditaciones de seguridad y otras formalidades	B2. Licencias, autorizaciones, acreditaciones de seguridad y otras formalidades
A3. Contratos de transporte y seguro	B3. Contratos de transporte y seguro
A4. Entrega	B4. Recepción de la mercancía
A5. Transmisión de riesgos	B5. Transmisión de riesgos
A6. Reparto de costes	B6. Reparto de costes
A7. Notificaciones al comprador	B7. Notificaciones al vendedor
A8. Documentos de la entrega	B8. Prueba de la entrega
A9. Comprobación, embalaje y marcado de la carga	B9. Inspección de la mercancía
A10. Ayuda con la información y costes relacionados	B10. Ayuda con la información y costes relacionados

Tabla 2.1. Estructura de las obligaciones de vendedor y comprador en las reglas Incoterms® 2010.

1. Obligaciones generales de vendedor y comprador

El vendedor debe suministrar la mercancía, la factura y, en su caso, otros documentos pactados. El comprador debe pagar el precio acordado por la mercancía (no se determina la transmisión de la propiedad, que depende de las leyes aplicables al contrato de compraventa internacional). Se permiten los documentos electrónicos previo acuerdo entre las partes.

2. Despachos aduaneros y formalidades relacionadas

En las operaciones internacionales que necesiten un despacho aduanero, el de exportación siempre lo gestionará y pagará el vendedor (excepto en EXW), y el de importación el comprador, incluyendo el pago de impuestos (excepto en DDP).

3. Contratos de transporte y seguro

Para cada regla Incoterms® se define la obligación de contratar el transporte internacional para el vendedor y comprador. Desde la óptica del vendedor, contratará transporte si la regla es FCA (si entrega en lugar distinto a su almacén) y en las de mayor alcance, hasta el lugar geográfico que acompaña a la regla Incoterms® y le da sentido. Para cada operación pueden surgir distintos tramos de transporte que ha de contratar una u otra parte.

Se prevé la posibilidad de que el vendedor, cuando no tenga obligación de contratar y pagar el transporte internacional, pueda hacerlo si es práctica habitual en nombre del comprador y a sus expensas (también puede negarse). No es una acción aconsejable (véase el análisis de la regla Incoterms® FCA).

En cuanto al seguro, sólo dos reglas Incoterms®, CIP y CIF, obligan al vendedor a contratar un seguro que cubra los riesgos sobre el transporte de la mercancía, que soporta el comprador, y determinan el tipo y la cobertura mínima (póliza ICC, tipo C). Esto no significa que no sea conveniente que la parte que soporta el riesgo (según la regla Incoterms® pactada, en función del momento de entrega) de cada segmento de la cadena logística lo cubra con un seguro. Además, el vendedor está obligado, a petición y expensas del comprador, a facilitar a éste la información que necesite para contratar un seguro.

4. *Entrega y recepción de la mercancía*
Determina el momento en que se transmite el riesgo de vendedor a comprador y coincide, aunque no siempre, con el punto hasta el que el vendedor soporta los costes. En unos casos se estipula que el vendedor debe poner la mercancía a disposición del comprador (o de un tercero enviado por él) y en otros que debe entregarse al porteador contratado por éste.

5. *Transmisión de riesgos de vendedor a comprador*
Con la entrega se produce la transmisión de riesgos. Así, cuando ocurre un siniestro debe compararse el lugar en que ocurrió con el momento de la entrega que determina cada regla Incoterms®. Si el siniestro sucede antes de la entrega, ésta no se produce, por lo que el vendedor debe reponer la mercancía. En cambio, si el siniestro se produce una vez entregada la mercancía, el comprador debe pagar por ella al vendedor.

El comprador debe facilitar información al vendedor sobre el lugar de entrega si dispone de ella, pues de lo contrario asumirá los riesgos de pérdida o daño que por ello se produzcan, al igual que los asume si (por ejemplo, en la regla Incoterms® FCA) no identifica al porteador que ha contratado o éste no recoge la mercancía.

6. *Reparto de costes*
Generalmente, el vendedor contrata y asume los costes de las operaciones hasta el momento de la entrega. Las reglas Incoterms® que no cumplen esta regla son: CFR, CIF, CPT, CIP (todas ellas en el grupo C de la clasificación del año 2000). Según éstas, el vendedor debe contratar y pagar el transporte hasta destino, pero entregar en origen (en su almacén o en el puerto de exportación).

7. *Notificaciones entre comprador y vendedor*
El vendedor debe notificar al comprador que ha entregado la mercancía o que el porteador la ha recibido. Por su parte, el comprador debe informar al vendedor sobre el porteador y el momento en que éste recogerá la mercancía. Estas informaciones varían en función de quién contrate el transporte principal.

8. *Documentos y prueba de entrega*

En ellos se determinan las obligaciones del vendedor respecto al documento relacionado con la entrega o el transporte que van a permitir al comprador acceder a la mercancía en destino. Cuando el vendedor no contrata el transporte (EXW o FCA local vendedor), debe entregar un documento que pruebe la entrega de la mercancía al porteador contratado por el comprador.

9. *Comprobación, embalaje, marcado e inspección de la mercancía*

El vendedor debe proporcionar el embalaje adecuado para el transporte que se vaya a efectuar, según la información de que disponga. Los costes de cualquier inspección previa al embarque corren por parte del comprador y corresponden al vendedor los requeridos para entregar correctamente la carga (véase el anterior apartado 4, «Entrega y recepción de la mercancía») y los que el despacho de exportación imponga.

10. *Ayuda con la información y los costes relacionados*

El comprador debe informar al vendedor de los requisitos y la documentación que imponga la normativa aduanera relativa a seguridad. Quien solicita la ayuda o asistencia debe pagarla a la otra parte.

El vendedor está obligado, por tanto, a solicitud y coste del comprador, a prestar ayuda para obtener los documentos y certificados que necesite éste en relación con la seguridad para desarrollar el despacho de importación.

3.3 *Reglas Incoterms® adecuadas para el transporte por carretera*

Las reglas Incoterms® que se pueden usar con cualquier modo de transporte o combinación de ellos, incluyendo al transporte marítimo en contenedor, son: EXW, FCA, CPT, CIP, DAT, DAP y DDP.

Si las clasificamos en cuatro grupos, según sus iniciales en inglés, E, F, C y D, se distribuyen de esta manera:

- **Grupo E**

  Sólo incluye la regla Incoterms® EXW. El vendedor se encarga de poner la mercancía a disposición del comprador en sus propias instalaciones, no las carga en el vehículo que ha de enviar éste ni contrata transporte alguno.

- **Grupo F**

  Sólo incluye la regla Incoterms® FCA, que admite dos variantes en función de cuál sea el punto geográfico o lugar designado junto a la regla (se opta entre instalaciones del vendedor u otro lugar, por ejemplo plataforma logística del porteador contratado por el comprador).

- **Grupo C**

  Incluye las reglas Incoterms® CPT y CIP. El vendedor tiene la obligación de contratar el transporte principal hasta el lugar geográfico que se indique con la regla. Sin embargo, las reglas C implican que la entrega y transmisión del riesgo del vendedor al comprador se efectúa en origen (cuando el primero entrega la mercancía al transportista).

- **Grupo D**

  Incluye las reglas Incoterms® DAT, DAP y DDP. El vendedor tiene la obligación de contratar el transporte principal hasta destino (lugar geográfico que se especifique) y asumir su riesgo hasta allí (terminal, plataforma logística, instalaciones del comprador…). En DDP, debe asumir incluso el coste y los impuestos del despacho de importación.

Respecto a las obligaciones y los costes relacionados con los despachos de aduana (cuando la operación los requiera), el despacho de exportación corresponde realizarlo al vendedor, excepto en EXW, y el de importación corre por cuenta del comprador, excepto si se usa la regla Incoterms® DDP, pues entonces recae en el vendedor.

En los apartados siguientes, se presenta un análisis detallado de estas reglas Incoterms®, las cuales se conocen mediante expresiones de tres letras que son acrónimos o siglas de su significado completo en inglés. Se centra la atención en la obligación que supongan para cada parte respecto a la contratación del transporte internacional.

3.3.1   *EXW* (ex works) - *En fábrica (… lugar de entrega designado)*

Con EXW, la intervención del vendedor en cuanto al transporte internacional de la mercancía es la menor posible. Su responsabilidad se limita a ponerla en sus propias instalaciones, correctamente embalada, acondicionada y marcada para el transporte, a disposición del comprador junto con la documentación pertinente para los despachos aduaneros. En ese momento se entrega la mercancía. El vendedor no tiene, ni debe, cargarlas en el vehículo de transporte que presente el porteador contratado por el comprador.

Al entregarse en el almacén del vendedor, en ese punto se transfiere el riesgo del vendedor al comprador. Por tanto, si durante el transporte ocurre un siniestro que tiene como consecuencia la pérdida de la mercancía, el comprador debe pagar el precio de la compraventa al vendedor.

Los demás costes de la operación, incluido el despacho de exportación, corren por cuenta del comprador. El EXW se debe acordar con un plazo de entrega durante el cual el comprador es responsable de recibir la mercancía mediante el porteador que haya contratado.

Por tanto, debe ser el comprador el que contrate el transporte internacional por carretera.

Consideraciones prácticas

- Ejemplo de redacción: «EXW, parcela 22, Polígono Industrial 2, Alzira, Valencia (España). Reglas Incoterms® 2010».

- Las empresas vendedoras suelen pactar EXW y realizar las operaciones de carga y estiba de la mercancía en el vehículo de transporte por carretera. Se procede así porque dichas operaciones se llevan a cabo en sus instalaciones, donde el vendedor dispone de los medios (personales y materiales) para efectuarlas. Sin embargo, ante cualquier incidente en estas operaciones o si una estiba defectuosa acarreara consecuencias para la carga, se plantearía una controversia de la que podría ser responsable el vendedor, pues dicha operación le corresponde realizarla al porteador que contrata y envía el comprador.

  El Convenio CMR no estipula que deba ser el expedidor o el porteador el que cargue la mercancía en origen. En realidad, de hecho, se producen situaciones de todo tipo. En nuestra opinión, no debe usarse EXW en cargas completas (que ocupen todo o parte del vehículo), sino sólo para los casos de paquetería donde sí es habitual y además está regulado a escala nacional[4] que el porteador realice la recogida y carga en el vehículo.

  Para cargas completas existen dos opciones. Una es que cargue la mercancía el porteador contratado por el comprador (se requiere disponer de dichos medios en el propio vehículo o usar medios e instalaciones cedidos por el vendedor).

  Otra opción es cambiar la regla EXW por «FCA domicilio vendedor», que implica, por comparación con la primera, que éste carga la mercancía en el vehículo y despacha de exportación (sólo en caso necesario, lo que no ocurre en las ventas intracomunitarias a la Unión Europea).

- Al ser el comprador el que despacha de exportación, el vendedor puede tener dificultades para acceder al ejemplar del DUA de exportación para distintos fines (debe conservarlo durante cuatro años, inspecciones fiscales, etc.).

- Con EXW, el vendedor pierde el control de la cadena logística de sus productos desde su propio almacén, por lo que no puede aprovechar su conocimiento del producto para optimizarla. Además, carga al comprador con el desarrollo de toda la operación, lo que puede limitar su competitividad (el comprador puede optar por otros proveedores que le entreguen la mercancía más cerca de sus instalaciones o que no le obliguen a gestionar toda la cadena logística). Con frecuencia, las empresas inician sus operaciones internacionales con esta regla Incoterms® por suponer la menor implicación y riesgo, pero en la medida en que la operación sea sencilla o se gane experiencia debe optarse por otra regla de mayor alcance.

- En consonancia con lo expuesto, EXW debería quedar relegado a operaciones de venta nacionales o intracomunitarias (que no requieren despacho de aduanas) y en el ámbito de paquetería (pequeños bultos que sí recoge y carga el porteador contratado por el comprador).

---

[4] Artículo 20.3 de la Ley 15/2009 del Contrato de Transporte terrestre (BOE de 12 de noviembre), «... en los servicios de paquetería y cualesquiera otros similares que impliquen la recogida o reparto de envíos de mercancías consistentes en un reducido número de bultos que puedan ser fácilmente manipulados por una persona sin otra ayuda que las máquinas o herramientas que lleve a bordo el vehículo utilizado, las operaciones de carga y descarga, salvo que se pacte otra cosa, serán por cuenta del porteador».

3.3.2 *FCA* (free carrier) - *Franco transportista (… lugar de entrega designado)*

Con esta regla Incoterms®, el vendedor debe entregar las mercancías despachadas de exportación al transportista (transitario, operador logístico internacional, etc.) contratado por el comprador para realizar el transporte principal. FCA admite dos opciones en función del lugar que se designe para la entrega.

Si ese lugar es el almacén del vendedor, éste sólo tiene la obligación de cargar las mercancías en el vehículo del transportista contratado por el comprador, momento en el cual las entrega y transfiere el riesgo al comprador (ejemplo de redacción: «FCA Parcela 22, Polígono Industrial 2, Alzira, Valencia (España). Reglas Incoterms® 2010»).

Se prevé la posibilidad (véase el punto 3, «Contratos de transporte y seguro», del apartado 3.2, «Obligaciones de vendedor y comprador») para FCA (al igual que en FAS y FOB para transporte marítimo) de que el vendedor, cuando no tenga obligación de contratar y pagar el transporte internacional, pueda hacerlo si es práctica habitual en nombre del comprador y a sus expensas (también puede rechazar esta posibilidad). No parece aconsejable, pues si el vendedor, no estando obligado a ello, contrata el transporte asume la posición de cargador con todo lo que ello implique.

A modo de ejemplo, la Ley 15/2009 del Contrato de Transporte Terrestre especifica en su artículo 37.2 que: «Cuando se haya pactado el pago del precio del transporte y los gastos por el destinatario, éste asumirá dicha obligación al aceptar las mercancías. No obstante, el cargador responderá subsidiariamente en caso de que el destinatario no pague». Por tanto, el vendedor puede acabar teniendo la obligación de pagar un transporte que no está obligado a contratar y que no ha incluido en el precio de venta.

La segunda opción es que el lugar geográfico sea distinto a las instalaciones del vendedor. En este caso, el vendedor debe contratar el transporte hasta ese punto en el que entrega las mercancías, pero no costear su descarga del vehículo (ejemplo de redacción: «FCA Almacén de Transitario A, parcela 10, polígono industrial Horno de Alcedo, Valencia (España). Reglas Incoterms® 2010»).

Para este caso, el vendedor debe contratar el transporte (o hacerlo con sus propios medios, si dispone de ellos) para entregar las mercancías en el almacén del transportista que va a efectuar el transporte principal. Se produce la entrega sin descargar las mercancías, pues esta operación no es responsabilidad del vendedor.

A partir del momento de la entrega se transfiere el riesgo del vendedor al comprador. Si después de ésta ocurre un siniestro a la mercancía, el comprador está obligado a pagar el precio de la compraventa al vendedor.

En ambos casos, el vendedor tiene que gestionar el despacho de exportación y el resto de obligaciones citadas para EXW.

Consideraciones prácticas

- Las principales diferencias respecto a EXW en cuanto a costes que deba asumir el vendedor son que éste ha de despachar de exportación, cargar el vehículo en sus instalaciones y, en caso de entregar en otro lugar distinto, contratar el transporte hasta el mismo.

- Muchas operaciones de compraventa internacional de mercancías mediante transporte por carretera a la Unión Europea (sin despacho de exportación) se acuerdan en condiciones EXW, aunque en realidad se cumplen según los criterios de FCA local vendedor, ya que es práctica habitual que el vendedor expedidor cargue la mercancía en el vehículo; esto se debe a que la operación se realiza en sus instalaciones, donde dispone de los medios adecuados para ello (personal y maquinaria). Por tanto, es aconsejable sustituir EXW por «FCA local vendedor» en todos estos casos.

3.3.3   CPT (carriage paid to…) - *Transporte pagado hasta… (… lugar de destino designado)*

CPT y CIP son dos reglas Incoterms® que se caracterizan por que el vendedor contrata el transporte pero entrega antes de que éste se realice, es decir, transfiere el riesgo al comprador en origen.

En CPT el vendedor está obligado a contratar el transporte internacional por carretera hasta el punto geográfico que se determina y concreta a través de la regla Incoterms®, pero si no existe pacto expreso que determine otro lugar, entrega en origen cuando pone la mercancía a disposición del transportista que él mismo ha contratado (si son varios transportistas, cuando se entrega al primero). Por tanto, en el momento en que la mercancía se ha cargado en el vehículo en el almacén del vendedor, se transfiere el riesgo de pérdida o daño a la misma al comprador.

Existe una diferencia entre el lugar de entrega (transmisión del riesgo) y el lugar hasta el que el vendedor contrata el transporte y sitúa la mercancía. Las partes pueden pactar el lugar concreto de entrega, pero si no lo hacen se sigue el criterio expuesto. Así pues, si la mercancía se pierde o daña durante el transporte, dado que el vendedor la ha entregado en su almacén, el comprador debe pagar el precio de la compraventa y reclamar después una indemnización al porteador, si éste es considerado responsable del siniestro según el Convenio CMR.

El vendedor despacha de exportación y el comprador de importación, si lo requiere la operación.

Consideraciones prácticas

- Ejemplo de redacción: «CPT Gronttorvet, 120, Valby, Copenhague (Dinamarca). Reglas Incoterms® 2010».

- La diferencia principal respecto a FCA es que el vendedor debe contratar y pagar el transporte hasta destino.

- Con CPT el vendedor no está obligado (al igual que en EXW y FCA) a contratar un seguro de transporte. El comprador tampoco, pero le conviene hacerlo, pues soporta los riesgos del transporte hasta destino.

3.3.4 *CIP* (carriage and insurance paid to…) - *Transporte y seguro pagado hasta… (… lugar de destino designado)*

Con la regla Incoterms® CIP el vendedor tiene las mismas obligaciones que si se utilizara la CPT, pero además debe contratar un seguro que cubra los riesgos que soporta el comprador de pérdida o daño de la mercancía durante el transporte.

El vendedor tiene que entregar al comprador una póliza de seguro (o prueba similar) por al menos el 110 % del precio de la compraventa y por una cobertura igual al tipo C del Instituto de Aseguradores de Londres (póliza ICC, tipo C). Las cláusulas ICC tienen tres variantes: A, B y C, siendo la C la de menor cobertura.[5] Si el comprador desea una cobertura mayor (A o B, guerra, huelga u otras), o ésta se pacta entre las partes, el incremento de coste correrá a su cargo.

El seguro debe permitir al comprador u otra persona con interés sobre la carga la reclamación directa a la compañía de seguros.

Consideraciones prácticas

- Ejemplo de redacción: «CIP Gronttorvet, 120, Valby, Copenhague (Dinamarca). Reglas Incoterms® 2010».

- Las consideraciones prácticas expuestas en CPT son también aplicables para CIP.

- El vendedor debe cumplir con los requisitos mínimos respecto al seguro de transporte internacional por carretera que contrate, según estipula la obligación A3 b) de las reglas Incoterms® 2010.

---

[5] La póliza tipo C del Instituto de Aseguradores de Londres incluye coberturas sobre riesgos de incendio, explosión, varada, embarrancada, hundimiento, naufragio, abordaje o colisión, descarga en puerto, refugio y vuelco, echazón, descarrilamiento y sacrificio en avería gruesa.

- En caso de que durante el proceso de negociación y contratación surja cualquier controversia respecto al seguro (indeterminación de la cobertura o en los términos del contrato, desprotección porque la cláusula C no se considera apropiada o resulta insuficiente, problemas con las legislaciones que regulan el contrato de seguro, etc.), se puede optar por pactar la regla Incoterms® CPT y que sea el comprador quien contrate un seguro en las condiciones que considere que cubre mejor sus riesgos (de esta manera sería tomador y beneficiario del seguro).

  Si finalmente se pacta CIP (o CIF en marítimo), es muy habitual un acuerdo para incrementar la cobertura del seguro y pactar una póliza ICC tipo A más guerra y huelgas. La razón estriba en que la variante C es muy escueta y no cubre muchos de los riesgos a los que se exponen las mercancías durante el transporte.

3.3.5 *DAT* (delivered at terminal) - *Entregado en terminal (... terminal designada en el puerto o lugar de destino)*

La regla Incoterms® DAT es, junto con la DAP, una nueva regla publicada en la versión de 2010 y de características similares a la desaparecida DEQ. Para el vendedor implica que tiene la obligación de contratar y pagar el transporte hasta que la mercancía se entregue descargada en una terminal expresamente designada.

En la era de la multimodalidad, aunque parezca diseñada para transportes en contenedor, puede aplicarse a operaciones de transporte internacional por carretera que finalicen en una plataforma logística multimodal: puerto, estación ferroviaria, puerto seco, etc.

Téngase en cuenta que el Convenio CMR, en su artículo 2.1, señala la posibilidad de la subcontratación por el transportista de carretera de tramos que utilizan otros medios, de acuerdo con el desarrollo de cadenas intermodales como las «autopistas del mar», en el ámbito del transporte marítimo de corta distancia, y el transporte combinado ferrocarril-carretera, entre otras opciones (véase el capítulo 5, «Optimización del transporte por carretera»).

Como el resto de reglas Incoterms® que se inician por la letra D, el vendedor entrega en destino. En concreto, en la DAT las entrega cuando las mercancías se ponen a disposición del comprador en la terminal de destino, descargadas del vehículo de transporte. Desde ese punto, el comprador se hace cargo de los costes y riesgos.

Si ocurre un siniestro a la mercancía que produce su pérdida antes de ese punto, dado que el vendedor no ha entregado no puede exigir el cobro de la compraventa (podrá reclamar al transportista, si hay lugar a ello). Si el siniestro ocurre después de la entrega, el comprador debe pagar la compraventa y, en su caso, reclamar al transportista.

Consideraciones prácticas

- Ejemplo de redacción: «DAT Terminal ferry de Dover (Inglaterra). Reglas Incoterms® 2010».

- DAT, como el resto de reglas del grupo D, implica que el vendedor entrega y transmite el riesgo cuando la mercancía se pone a disposición del comprador, en el lugar geográfico (terminal de cualquier tipo) designado.

- Entre CPT y DAT no existe una diferencia de costes que deba asumir el vendedor (si opta por no contratar un seguro que cubra sus riesgos en DAT, pues es voluntario). Sin embargo, existe una importante diferencia en cuanto a quién soporta los riesgos de la mercancía durante el transporte.

  Respecto a las obligaciones para el vendedor, si se comparan las reglas Incoterms® DAT y CPT, con entrega en un mismo lugar, éste está obligado a contratar y pagar el mismo servicio de transporte internacional por carretera, pero con CPT entrega y transmite el riesgo en origen (cuando se entrega la mercancía al transportista en su almacén), mientras que en DAT lo asume durante el transporte de la mercancía hasta su entrega en la terminal designada.

  Sin embargo, si se valora la alternativa CPT local comprador con DAT terminal portuaria, puede existir una diferencia de costes debido a que los trayectos internacionales no tienen la misma extensión (no acaban en el mismo lugar) y pueden tener precios distintos (véase el caso práctico número 1 de este capítulo).

3.3.6   *DAP* (delivered at place) - *Entregado en lugar (... lugar de destino designado)*

Ésta es una nueva regla Incoterms®. En ella se han «refundido» las anteriores y desaparecidas DAF *(delivered at frontier* o entregado en frontera), DES *(delivered ex ship* o entregado sobre buque) y DDU *(delivered duty unpaid* o entregado sin derechos pagados).

En la DAP, el vendedor contrata el transporte internacional hasta el lugar geográfico indicado y, además, soporta los riesgos de las mercancías hasta allí, ya que entrega cuando éstas llegan a dicho lugar y antes de su descarga (instalaciones del comprador u otras). Al comprador le corresponden la descarga del vehículo y el despacho de importación, si es necesario.

Es una regla Incoterms® con muchas posibilidades de aplicación y, en transporte por carretera, junto a FCA, debería ser la más utilizada para los intercambios intracomunitarios, pues ambas coinciden con las tradicionales fórmulas de portes debidos (FCA domicilio vendedor) y portes pagados (DAP domicilio comprador), donde sólo existe un trayecto por carretera «puerta a puerta».

En las operaciones con terceros países, si el punto geográfico se encuentra en el interior del país de destino, el vendedor debe soportar los costes en el mismo (transporte interior en destino) y el pago de impuestos (equivalentes al IVA) que no se podrá deducir, lo que sí podría hacer el comprador si el lugar es la frontera del país de destino.

Consideraciones prácticas

- Ejemplo de redacción: «DAP Gronttorvet, 120, Valby, Copenhague (Dinamarca). Reglas Incoterms® 2010».

- En la DAP, como en las reglas Incoterms® del grupo D, el vendedor soporta el riesgo del transporte hasta la entrega de la mercancía en el lugar designado (normalmente, el domicilio del comprador destinatario) antes de su descarga. Por tanto, le interesa, aunque no es obligatorio, contratar un seguro que lo cubra.

- Si se comparan las reglas CPT y DAP referidas para un mismo lugar de destino, no existen diferencias de coste para el vendedor, pero sí de riesgo, pues con la CPT éste entrega y transmite el riesgo en origen (cuando entrega la mercancía al transportista en sus instalaciones) y con la DAP en el lugar de destino. Se podría considerar diferencia de coste si el vendedor opta por contratar un seguro.

3.3.7 *DDP* (delivered duty paid) - *Entregado derechos pagados (... lugar de destino designado)*

Mediante el uso de la regla DDP, el vendedor asume las máximas obligaciones, pues debe contratar el transporte y soportar su riesgo hasta entregar las mercancías en el lugar indicado (sin descargar el vehículo). Además, está obligado a despachar de importación y pagar los impuestos resultantes.

Así pues, la DDP supone para el vendedor respecto a la DAP gestionar el despacho de importación, si es necesario. Al comprador sólo le resta descargar la mercancía del vehículo, normalmente en sus propias instalaciones.

Consideraciones prácticas

- Ejemplo de redacción: «DDP Gronttorvet, 120, Valby, Copenhague (Dinamarca). Reglas Incoterms® 2010».

- La regla DDP no debe usarse en el caso de que el vendedor no pueda llevar a cabo el despacho de importación (restricciones legales o documentales) o que éste plantee dificultades (el comprador conoce mejor la normativa reguladora del despacho de importación en su país). En el mercado único de la Unión Europea, donde no se requieren despachos de importación y exportación para las mercancías comunitarias, las reglas DAP y DDP implican las mismas obligaciones respecto al transporte.

- Para vendedor y comprador, la regla DDP supone la antítesis de la EXW, pues ambas implican las máximas o mínimas obligaciones a cada uno.

REPARTO DE COSTES: REGLAS INCOTERMS® 2010

Reglas Incoterms® para cualquier modo o modos de transporte
(Costes adaptados a operaciones con transporte internacional por carretera)

Coste / Concepto Incoterms®	Entrega / Lugar de entrega / Transmisión de riesgos	Envase y embalaje	Carga sobre vehículo en origen	Transporte interior (origen)[1]	Despacho de exportación[2]	Transporte principal	Seguro	Despacho de importación[2]	Descarga de vehículo
EXW Local del vendedor	Puesta a disposición del comprador en local del vendedor u otro sin cargar	V	C	C	C	C	C[4]	C	C
FCA Local del vendedor	Local del vendedor cargada sobre medio de transporte proporcionado por el comprador	V	V	C	V	C	C[4]	C	C
FCA Otro lugar	Puesta a disposición del porteador designado por el comprador sobre vehículo sin descargar	V	V	V	V	C	C[4]	C	C
CPT Lugar de destino	Lugar acordado. En su defecto (y ante varios porteadores) cuando se entrega al primero	V	V	V	V	V	C[4]	C	C
CIP Lugar de destino	Lugar acordado. En su defecto (y ante varios porteadores) cuando se entrega al primero	V	V	V	V	V	V	C	C
DAT Terminal designada	Puesta a disposición del comprador en terminal descargada del medio de transporte de llegada	V	V	V	V	V[3]	V[4]	C	C
DAP Lugar de destino	Puesta a disposición del comprador en lugar designado y cargada sobre medio de transporte	V	V	V	V	V	V[4]	C	C
DDP Lugar de destino	Puesta a disposición del comprador en lugar designado, cargada sobre medio de transporte y despachada de importación	V	V	V	V	V	V[4]	V	C

Notas sobre algunos costes reflejados en la tabla:
1. Este transporte se refiere al necesario para que el vendedor entregue en los locales del porteador designado por el comprador en «FCA, otro lugar». Dicho lugar es normalmente el domicilio del transitario, la naviera, el operador logístico... Si se produce un servicio completo de transporte por carretera, puerta a puerta, este concepto de coste no se tiene en cuenta.
2. Sólo se tiene en cuenta si la operación lo requiere (no es así en el mercado único de la Unión Europea).
3. Este transporte principal acabaría en una terminal y el comprador debería gestionar el transporte a partir de dicho lugar. Sería el caso de «DAT Dover», cuando el punto de destino final es posterior, por ejemplo, Londres. En caso de realizarse un servicio completo de transporte por carretera puerta a puerta hasta Londres, no se acordaría DAT Dover sino DAP Londres.
4. Su contratación es opcional. Si lo considera oportuno, en EXW, FCA y CPT, el comprador asegurará el transporte (asume sus riesgos), así como podrá hacerlo el vendedor en DAT, DAP y DDP (pues con estas reglas Incoterms los asume él).

Tabla 2.2. Reparto de costes según las reglas Incoterms® 2010 en el transporte por carretera.

A modo de resumen, en la tabla 2.2 se presenta la manera como se reparten los costes más habituales en las operaciones de transporte entre vendedor (V) y comprador (C), en función de la regla Incoterms® elegida.

3.4   Reglas Incoterms® para transporte marítimo y vías navegables interiores

El siguiente análisis de las reglas Incoterms® marítimas tiene como fin ofrecer una visión global de las reglas promovidas por la Cámara de Comercio Internacional.

Las reglas FAS, FOB, CFR y CIF se aplican sólo en operaciones de transporte marítimo y vías navegables. De acuerdo con las recomendaciones de la CCI, se deberían aplicar para operaciones de graneles o de mercancía fraccionada (fardos, bultos, etc.) en transporte marítimo. Estas cargas se manejan con elementos de manipulación específicos (grúas pato, rampas, sistemas de succión, etc.).

3.4.1   FAS (free alongside ship) - *Franco al costado del buque (... puerto de embarque designado)*

El vendedor contrata y paga el transporte hasta entregar las mercancías, despachadas de exportación, al costado del buque que haya designado (contratado) el comprador.

Consideraciones prácticas

- Ejemplo de redacción: «FAS Terminal de graneles sólidos del puerto de Gijón (España). Reglas Incoterms® 2010».

- El comprador debe contratar y pagar la carga de estos envíos, que suelen ser graneles. Estas operaciones pueden tener un alto coste global, al tratarse de grandes volúmenes de mercancía.

- Asimismo, el comprador debe contratar y pagar el transporte de la mercancía (normalmente, en régimen de fletamento marítimo) hasta el puerto de destino y todas las operaciones posteriores (descarga, manipulaciones, etc.).

3.4.2   FOB (free on board) - *Franco a bordo (... puerto de embarque designado)*

El vendedor debe contratar y pagar el transporte hasta el puerto de origen y las operaciones de carga hasta que la mercancía se encuentra a bordo del buque en el puerto de embarque designado, donde se entrega y transfieren los riesgos al comprador.

Consideraciones prácticas

- Ejemplo de redacción: «FOB Terminal de graneles sólidos del puerto de Gijón (España). Reglas Incoterms® 2010».

- La diferencia con respecto a la regla Incoterms® FAS es que el vendedor debe pagar la operación de cargar las mercancías a bordo del buque en el puerto de embarque.

- El comprador debe contratar y pagar el transporte hasta el puerto de destino y las operaciones posteriores.

- Aunque se usa de forma habitual con contenedores, la Cámara de Comercio Internacional recomienda que en su lugar se utilice la regla FCA.

3.4.3　CFR (cost and freight) - *Coste y flete (... puerto de destino designado)*

El vendedor queda obligado a contratar y pagar el transporte hasta el puerto de destino. Sin embargo, como en el resto de reglas Incoterms® que empiezan por la letra C, entrega la mercancía y transfiere los riesgos al comprador en el puerto de embarque, cuando la mercancía se sitúa a bordo del buque.

Consideraciones prácticas

- Ejemplo de redacción: «CFR Terminal de graneles sólidos Richard's Bay (Sudáfrica). Reglas Incoterms® 2010».

- La diferencia fundamental entre las reglas Incoterms® FOB y CFR es que en esta última el vendedor debe contratar y pagar el trasporte marítimo hasta el puerto de destino.

- El comprador, al asumir los riesgos del transporte desde el puerto de embarque, debe plantearse la conveniencia de contratar un seguro para cubrirlos.

- Aunque es muy usual utilizar la regla Incoterms® CFR con transporte en contenedor, la CCI indica que es mejor la CPT por razones de coste y riesgo.

3.4.4　CIF (cost, insurance and freight) - *Coste, seguro y flete (... puerto de destino designado)*

La regla Incoterms® CIF es exactamente igual a la CFR, con la diferencia de que en la primera el vendedor debe además contratar un seguro de transporte que cubra los riesgos que asume el comprador. Este seguro es una póliza ICC tipo C (menores coberturas) y alcanza el 110 % del valor facturado.[6]

Consideraciones prácticas

• Ejemplo de redacción: «CIF Terminal de graneles sólidos Richard's Bay (Sudáfrica). Reglas Incoterms® 2010».

• La diferencia entre las reglas Incoterms® CIF y CFR para el vendedor es la obligación que le impone la regla primera de contratar un seguro que cubra los riesgos del transporte que soporta el comprador desde el puerto de embarque, cuando la mercancía se encuentra a bordo del buque.

• La cobertura obligatoria es la póliza ICC variante C por un valor del 110 % del valor facturado.[7] Si el comprador desea una mayor cobertura, ésta debe ser negociada por las partes.

3.5   *Criterios de elección y definición de las reglas Incoterms®*

Tras analizar las once reglas Incoterms® 2010, se evidencia que la aplicación de cada una de ellas en las operaciones de compraventa tiene importantes implicaciones en el reparto de las obligaciones, los costes y los riesgos entre vendedor y comprador. Señalamos a continuación algunos criterios que hay que considerar para elegirla y definirla.

• *Definición y concreción de la regla Incoterms®*
  Para que una regla Incoterms® tenga sentido debe siempre ir acompañada y referida a un lugar geográfico determinado, el cual debe concretarse lo más detalladamente posible para evitar indeterminaciones y controversias. El contrato o contratos de transporte internacional de mercancías por carretera deben igualmente indicar, como instrucción al transportista, un lugar de entrega (casilla 3 de la carta de porte CMR) que debe coincidir (en el caso del último y muchas veces único transportista) con el lugar geográfico indicado junto a la regla Incoterms®.
  Es preciso indicar las direcciones con todo detalle; escribir, por ejemplo, «Copenhague» no concreta un lugar de recogida o entrega, lo que si ocurre con «CIP Gronttorvet, 120, Valby, Copenhague (Dinamarca). Reglas Incoterms® 2010».

---

[6] Son aplicables las consideraciones prácticas expuestas al comentar la regla Incoterms® CIP en el apartado 3.3.4.
[7] Véase la nota 6.

También es conveniente citar la versión de la regla Incoterms® que se acuerda aplicar. La utilización de las reglas Incoterms® es voluntaria y una nueva versión no deroga la anterior, que se puede seguir usando (véase el anterior apartado 2), pero para evitar problemas, sobre todo con las reglas que sufren una modificación sustancial, hay que especificar la que se acuerda, que debe ser la de 2010.

Por último, es muy pertinente que la regla Incoterms® utilizada se detalle en todos los documentos relacionados con la compraventa: oferta, factura proforma, pedido, contrato de compraventa, etc., independientemente del formato y de la forma de envío que éstos tengan (papel, fichero electrónico, carta, fax, correo electrónico, etc.).

- *Adecuación de la regla Incoterms® al medio de transporte y al tipo de mercancía y mercado*

En las operaciones de transporte internacional por carretera, las reglas Incoterms® adecuadas son las aplicables para cualquier modo o modos de transporte, es decir, EXW, FCA, CPT, CIP, DAT, DAP y DDP.

En concreto la EXW debe usarse en los envíos de paquetería en los que el porteador carga y descarga los bultos.

En la Unión Europea, es recomendable usar «FCA domicilio vendedor» en cargas completas a «porte debido», cuando el comprador contrata el camión, y «CPT, CIP o DAP domicilio comprador», cuando lo contrata el vendedor (se elige una u otra en función de la asunción de riesgos y la contratación o no de seguro adicional a la responsabilidad del porteador establecida por el Convenio CMR).

Para envíos a terceros países (por ejemplo, de España a Marruecos), son posibles todas las posiciones en función de si es paquetería o carga completa, del nivel de coste y riesgo que se atribuyan las partes, la complejidad del despacho de importación, etc.

En los transportes marítimos (no contenedorizados ni unitizados) se aplican las reglas Incoterms® FAS, FOB, CFR y CIF.

- *Complejidad de la operación*

Desde la perspectiva del vendedor (exportación), las características de una operación, en la medida en que ésta sea novedosa (cliente o mercado nuevo o poco conocido) o presente dificultades de cualquier índole, como posibles problemas comerciales o conflictos sociales, se debe elegir una regla Incoterms® de poca responsabilidad, es decir, de corto alcance, como EXW o FCA (grupos E o F). Sin embargo, en la medida en que el cliente, el mercado y la operativa sean conocidas, y la empresa posea experiencia suficiente, es más conveniente escoger una regla de mayor alcance (grupos C o incluso D) CPT, CIP, DAT, DAP o DDP, pues se ofrece a los clientes la mercancía con un mayor valor añadido, con mayor facilidad, y de esto puede depender que la elijan frente a la competencia.

- *Minimización del coste global de la cadena logística*

  En el proceso de negociación de una compraventa es usual que vendedor y comprador se soliciten, oferten y contrasten distintos precios asociados a diferentes reglas Incoterms®. Se deben analizar las alternativas para elegir aquella que conlleve el menor coste global para toda la operación (véase el caso práctico 5 de este capítulo). La partes pueden conseguir precios distintos para transportes similares en función de si los contrata el vendedor o el comprador por distintas razones: mayor competencia entre los transportistas de un país, tráficos desequilibrados de salida y llegada, descuentos por contratar un determinado volumen de transporte, etc.

  Por otra parte, se debe valorar que el vendedor puede encontrar dificultades para recuperar los impuestos abonados en el país de destino (IVA o equivalentes) por operaciones en él (transporte, almacenamiento, seguro, etc.) cuando se aplican las reglas Incoterms® DAP y DDP. Lógicamente, si no puede recuperar esos importes los imputará como coste de la operación. Estas dificultades no existen para el comprador si se pacta otra regla que se los atribuya, pues se producen en su país y puede deducirse dichos impuestos.

  El precio no debe ser el único elemento decisorio, debe estudiarse también el riesgo y el control de la operación que implica cada alternativa. La optimización (minimización) del coste global es una de las reglas de oro de la logística y es un factor clave en el entorno competitivo de las cadenas logísticas internacionales, ajustadas en coste, tiempo y capacidad de respuesta.

3.5.1   *¿Cuál es la regla Incoterms® más adecuada?*

No existe una regla Incoterms® mejor que las demás. Siempre depende de diferentes factores que se deben valorar para elegir la mejor en cada situación.

Las empresas no suelen aplicar la misma regla Incoterms® en función de si están vendiendo o comprando, operando con un mercado u otro, con un cliente u otro y utilizando un medio de transporte y tipo de mercancía determinados.

En principio, para el vendedor es más cómodo vender EXW o FCA, ya que implica menos obligaciones, pero para competir en el mercado internacional es importante dar el mejor servicio posible a los clientes y controlar de manera directa la cadena logística. Esto se logra mediante las reglas Incoterms® CPT o CIP y, sobre todo, las DAT y DAP. Con ellas el vendedor paga el transporte hasta el almacén del destinatario.

Estas reglas Incoterms® de mayor alcance permiten obtener ventajas competitivas que mejoran la situación de la empresa vendedora en el mercado exterior:

- El vendedor ejerce un mayor control de la cadena logística hasta el comprador. Como fabricante o distribuidor especializado, elegirá a los transportistas idóneos y obtendrá los mejores precios y el servicio más adecuado en cada operación y mercado.

- El comprador puede ser una empresa sin experiencia en el mercado internacional, que quiera limitar sus riesgos e implicaciones y desee recibir el producto en sus instalaciones. Las reglas del grupo C o D responden a estas demandas.

- La experiencia que acumule la empresa vendedora en la gestión y contratación del transporte redundará en la obtención de mejores precios de los transportistas y en un mejor servicio (compromisos de entrega, localización e información del estado del envío, capacidad para resolver incidencias, mayor experiencia en comercio exterior, etc.), factores clave para conseguir ventajas competitivas en los mercados exteriores.

Podemos concluir que cuando el destino de la operación se sitúe en la Unión Europea, al vendedor le interesa aplicar las reglas Incoterms® CPT, CIP, DAP o DDP «domicilio comprador».

Para terceros países, cuando se puedan presentar dificultades en los trámites aduaneros de importación, es aconsejable pactar CPT, CIP o DAP «frontera del país de destino». El comprador se encuentra así en mejores condiciones para optimizar la gestión del despacho de importación y el transporte final en su país.

En todo caso, estas prescripciones generales dependen de las características de cada operación, mercado y relación vendedor-comprador. Si una de las partes tiene más poder de negociación impondrá a la otra la regla Incoterms® que más le convenga como condición para cerrar la operación.

3.6 Precios y riesgos en función de la regla Incoterms®

3.6.1 Determinación del precio de venta

El precio es una de las principales herramientas de la política comercial de una empresa y se determina en función de múltiples variables (calidad, diseño, diferenciación, competencia, posicionamiento, fase del ciclo de vida del producto...).

Analizaremos a continuación la manera de elaborar precios de venta sobre la base de las obligaciones que cada regla Incoterms® asigna al vendedor.

El vendedor debe partir del «precio de coste de la mercancía», que obtiene de su contabilidad de costes o del precio de compra a un proveedor, y añadirle una serie de conceptos si la destina a una venta internacional. Esto puede implicar sumar el coste del envase y embalaje, el marcado y la rotulación, el reciclado u otros requerimientos del cliente o mercado de destino.

Además, hay que sumar los costes de la obtención de los documentos necesarios para el despacho de exportación u otros acordados en la compraventa o que sólo puede obtener el vendedor (certificado de origen u otros). La suma de todos estos conceptos proporciona el «precio de coste para la venta internacional».

A este importe cabe añadir la comisión del agente comercial, teniendo en cuenta que no se fije en función de la regla Incoterms® y predetermine a éste a cerrar operaciones con reglas de mayor alcance para lograr una comisión más elevada. Así, se obtiene el «precio base para la venta internacional». Si no hay comisión, este precio coincide con el precio de coste para la venta internacional.

A continuación, se añade el margen comercial o beneficio de la operación de compraventa. Se puede calcular como un porcentaje sobre el precio base para la venta internacional o como un importe que se añade sobre dicho precio.

De la suma de todos los conceptos anteriores se deriva el precio «EXW domicilio vendedor». A este valor se deben añadir otros conceptos de coste y gestiones que corran por cuenta del vendedor para determinar los restantes precios según cada regla Incoterms®.

La siguiente relación orienta sobre los costes más significativos y su atribución al vendedor, y por tanto, sobre el precio en función de la regla Incoterms® (cada operación puede ofrecer costes y gestiones específicos no contemplados aquí).

Precio de coste de la mercancía
+ Envase, embalaje y otros costes y gestiones específicos de la venta internacional (certificado de origen, etc.)
= Precio de coste para la venta internacional
+ Margen comercial o beneficio
= Precio base para la venta internacional
+ Comisión del agente comercial en el mercado de destino
= EXW local vendedor
+ Carga del vehículo (este coste se suele despreciar, pues se hace con personal y medios propios del vendedor)
+ Despacho de exportación (si lo requiere la operación, no en ventas entre países de la Unión Europea)
= FCA domicilio vendedor
+ Transporte interior hasta domicilio porteador contratado por comprador (en su caso)
= FCA otro lugar
+ Transporte internacional por carretera
= CPT domicilio del comprador
+ Prima del seguro de transporte de las mercancías
= CIP domicilio del comprador
+ Descarga del vehículo en terminal / punto de destino / almacén del cliente

= **DAT terminal**[8] (La diferencia entre CIP y DAT es, en relación con «terminal marítima», que el precio del transporte varía en función del distinto coste de transportar hasta la terminal acordada o hasta el domicilio del comprador, mientras que si entendemos que terminal puede ser las instalaciones del comprador, la diferencia en coste sería la descarga del vehículo en DAT.)

= **DAP domicilio del comprador**

+ Despacho de importación y pago de sus impuestos

= **DDP domicilio del comprador**

3.6.2 *Determinación del riesgo según las reglas Incoterms®*

El transporte es una actividad sujeta a riesgos derivados de sus características intrínsecas y de la complejidad de las operaciones que implica (movimiento de la mercancía durante el transporte, carga y descarga, trasbordo entre vehículos, etc.). Por tanto, no es raro que se produzcan siniestros.

Hemos visto que cada regla Incoterms® determina el momento de entrega y, por tanto, de transferencia del riesgo por siniestro del vendedor al comprador. Si se compara el momento en que ha ocurrido un siniestro durante el transporte con el momento de entrega que determina la regla Incoterms®, se puede saber quién debe asumir las consecuencias. En la tabla 2.3 se presentan ambas posibilidades.

Situación	*Consecuencia*
1. El siniestro ocurre antes del momento de la entrega.	El vendedor no ha entregado (asume el riesgo) y deberá, en su caso, reponer la mercancía.
2. El siniestro ocurre después del momento de la entrega.	El vendedor ha entregado y el comprador deberá pagarle la mercancía (asume el riesgo).

Tabla 2.3. Relación del tiempo de entrega con la adjudicación de responsabilidades.

---

[8] El transporte por carretera tiene la posibilidad de realizar un servicio puerta a puerta, de modo que vendedor o comprador pueden contratar a una empresa de transporte que se hace cargo de la mercancía en el almacén del vendedor y la transporta y entrega en el del comprador. Si se usa la regla Incoterms® DAT con transporte por carretera existen dos posibilidades. La primera es la combinación con el transporte marítimo de corta distancia y que el transporte principal finalice en una terminal del país de destino desde donde se debe hacer cargo el comprador. La segunda es entender «terminal» como un lugar cualquiera y, por tanto, puede ser las instalaciones del comprador. En este caso, DAT equivale a DAP, pero incluye para el vendedor la obligación de descargar las mercancías en destino. Si consideramos que lo más normal es que en destino descargue el comprador (con sus medios y en sus instalaciones), sería más lógico pactar DAP que DAT.

Las reglas Incoterms® no determinan de forma directa la parte que debe reclamar al transportista, pues ello compete a la normativa reguladora y a las condiciones del contrato de transporte (Convenio CMR y las condiciones de su carta de porte); sin embargo, parece lógico que la parte que asume el riesgo y la pérdida sea la que obtenga la indemnización del transportista.

Esta regla general puede verse alterada por diversos factores: por haberse pactado de otra manera en el contrato de compraventa o por haberse generado situaciones distintas, como el pago por anticipado, controversia sobre el momento del siniestro, acuerdo de resolución de forma alternativa, etc.

La determinación de la parte que debe asumir las consecuencias del riesgo es independiente de que éste se haya cubierto mediante la contratación de un seguro de transporte internacional de mercancías. En caso de que haya sido así, quien corre con el riesgo debe dar parte a su compañía aseguradora, la cual, una vez pagada la indemnización, tratará en acción de recobro recuperarla del transportista responsable (véase el capítulo 4).

4 Casos prácticos de cálculo de precios y resolución de controversias

En las páginas siguientes aplicamos las directrices planteadas en el apartado 3.6, «Precios y riesgos en función de la regla Incoterms®», a cinco casos prácticos basados en operaciones reales. Por simplificación, no detallamos los lugares geográficos de las reglas Incoterms® tanto como sería conveniente y en los precios finales asociados a cada uno de ellos obviamos los decimales. Todos los cálculos se presentan en euros.

Caso 1. Expedición intracomunitaria de hortofrutícolas al Reino Unido por carretera

Datos de la operación

Una empresa española domiciliada en Vera (Almería) ha recibido una solicitud de cotización de precio de uno de sus clientes habituales en Europa. Se trata de una cadena de distribución inglesa que ha solicitado precios para una partida de tomates basándose en distintas posiciones o reglas Incoterms®. El envío lo componen 33 europalés, en cada uno de los cuales se transportan 48 cajas de tomate con destino al almacén del cliente al norte de Manchester (Reino Unido).

El comprador ha solicitado precios para este envío utilizando estas reglas Incoterms®:

- EXW Vera, Incoterms® 2010.
- FCA Vera, Incoterms® 2010.
- CPT Manchester, Incoterms® 2010.
- CIP Manchester, Incoterms® 2010.
- DAP Manchester, Incoterms® 2010.

Otros conceptos de coste que hay que tener en cuenta:

- El precio de coste unitario por caja de tomate es de 5,67 €.
- El envase y embalaje requeridos por el cliente y el mercado inglés (de cartón con etiquetas y reciclado), la certificación de calidad y otros requisitos documentales pactados en el pedido ascienden a 329 €.
- Precio del servicio de transporte frigorífico internacional entre Vera y Manchester: 3.407 €.
- Prima de seguro del transporte internacional: 97 €.
- Margen de beneficio aplicable a la operación: 20 %.

Determinación del precio que se oferta según la regla Incoterms®

Poniendo en práctica la estructura de costes y el proceso de construcción de precios comentado en el apartado anterior, calculamos estos precios con los que cotizar al cliente inglés:

1. *EXW Vera, Incoterms® 2010*
   El precio EXW está compuesto por los costes de fabricación (incluyendo el envase, embalaje y la preparación para la venta internacional a Inglaterra) más el beneficio. Por tanto:

   Fabricación = 33 europalés × 48 cajas × 5,67 € = 8.981,28 €.
   + Envase y embalaje para la expedición y las certificaciones = 329 €.
   Total precio de coste para la venta internacional = 9.310,28 €.

   + Beneficio = 20 % del precio de coste = 0,2 × 9.310,78 € = 1.862,16 €.
   Precio EXW Vera = 11.172 € .

Comentario. La regla Incoterms® EXW implica que la carga y estiba de la mercancía en el camión frigorífico corre por cuenta y riesgo del comprador. Es decir, que el transportista que ha contratado el comprador es quien cargaría y estibaría la mercancía. Lo lógico y habitual es que estas operaciones las realice el personal de la empresa vendedora (operarios del almacén), por lo que sería más conveniente pactar un FCA Vera, pues representa mejor la realidad de la operación.

2. *FCA Vera, Incoterms® 2010*
    En comparación con el EXW, FCA Vera implica para el vendedor cargar y estibar la mercancía en el vehículo (por disponer de personal y medios en el almacén de carga) y despachar de exportación (no es necesario por tratarse de una venta intracomunitaria). Así pues, no existen diferencias entre EXW y FCA respecto a coste, pero es preferible FCA por adaptarse mejor a la realidad de la operación:

    Precio FCA Vera = Precio EXW Vera = 11.172 €.

3. *CPT Manchester, Incoterms® 2010*
    La regla Incoterms® CPT implica para el vendedor que debe contratar y pagar el transporte principal por camión hasta Manchester. En cuanto a la entrega de la mercancía (transmisión del riesgo), ésta se produce cuando el transportista se hace cargo de ella en el almacén de Vera. Así pues:

    Precio FCA Vera = 11.172 €.
    + Transporte internacional frigorífico por carretera de Vera a Manchester = 3.407 €.
    Precio CPT Londres = 14.579 €.

4. *CIP Manchester, Incoterms® 2010*
    La diferencia entre el CPT y el CIP para el vendedor es que debe contratar un seguro que cubra los riesgos del transporte que soporta el comprador. La cobertura ha de ser la mínima del Instituto de Aseguradores de Londres (ICC grupo C) en cuantía del 110 % del precio facturado:

    Precio CPT Manchester = 14.579 €.
    + Prima de seguro del transporte internacional = 97 €.
    Precio CIP Manchester = 14.676 €.

    Comentario. La cobertura ICC del grupo C es la más básica y puede no valorarse como conveniente. Si se acuerdan mayores coberturas (rotura del equipo frigorífico, huelgas, etc.) supondrán una prima mayor que deberá pagar el vendedor y repercutir en el precio de factura.

5. *DAP Manchester, Incoterms® 2010*
    Entre CIP y DAP no existen diferencias de coste para el vendedor si entendemos que éste opta por contratar un seguro (voluntario) que cubra los riesgos que soporta. En DAP el vendedor entrega y transmite el riesgo al comprador en Manchester, al entregar la mercancía, cargada en el vehículo en el local del comprador.

Si el vendedor opta por soportar dicho riesgo sin la cobertura de un seguro se podría restar el importe de la prima del precio CIP para obtener el DAP. No obstante, supongamos que contrata el seguro. Por tanto:

Precio DAP Manchester = 14.676 € = Precio CIP Manchester.

Determinación de la responsabilidad y del riesgo ante siniestros

A continuación, se determina, en función de cada regla Incoterms®, quién debe asumir el riesgo de pérdida o daño de la mercancía ante un siniestro ocurrido durante el transporte.

En la siguiente tabla se indica para cada regla Incoterms® si es el vendedor («V») o el comprador («C») el que debe asumir la pérdida por soportar el riesgo en el momento en que ocurre el siniestro.

Regla Incoterms® *Lugar del siniestro*	*EXW* *Vera*	*FCA* *Vera*	*CPT* *Manchester*	*CIP* *Manchester*	*DAP* *Manchester*
Durante el transporte por carretera de Vera a Manchester	C	C	C	C	V

Caso 2. Exportación de maquinaria a Bielorrusia por carretera

Datos de la operación

Una empresa ubicada en Bilbao se dispone, por medio de su agente comercial en Bielorrusia, a calcular y facilitar a un cliente bielorruso precios de compraventa internacional para distintas reglas Incoterms®. El cliente tiene sus instalaciones de destino de la operación en Minsk. En este mercado se trabaja con un agente comercial.

El potencial comprador importador ha solicitado precios para utilizar estas reglas Incoterms®:

- EXW Bilbao, Incoterms® 2010.
- FCA Bilbao, Incoterms® 2010.
- CPT Minsk, Incoterms® 2010.
- CIP Minsk, Incoterms® 2010.
- DAP Minsk, Incoterms® 2010.
- DDP Minsk, Incoterms® 2010.

El pedido del cliente bielorruso se compone de tres máquinas de impresión y diseño profesional y sus accesorios (láminas de corte, regletas y camisas de cilindro). El envío se puede transportar en un camión completo.

Otros datos de la operación son los siguientes:

- Precio de coste unitario de cada máquina y sus accesorios: 12.346 €.
- Envase y embalaje necesarios para la exportación (materiales, rotulación, etiquetas, etc.): 653 €.
- Comisión del agente comercial: 2 % del precio base para la venta internacional.
- Certificado de Origen de la Cámara de Comercio de Bilbao: 50 €.
- Despacho de exportación: 35 €.
- Transporte internacional por carretera de Bilbao a Minsk: 5.177 €.
- Prima de seguro del transporte internacional por carretera: 114 €.
- Despacho de importación e impuestos: 1.467 €.
- Beneficio global que aplica la empresa a la operación: 3.500 €.

Determinación del precio según la regla Incoterms®

Aplicamos la misma estructura de costes vista en el caso 1, adaptándola a las características de esta operación.

1. *EXW Bilbao, Incoterms® 2010*

   El vendedor debe incluir en EXW el coste de fabricación más el del envase y embalaje necesario para la operación de exportación, así como el Certificado de Origen que sólo él (no el comprador) puede solicitar y obtener de su Cámara de Comercio en caso de que sea un documento necesario para la operación. Así pues:

Precio de coste de la mercancía = 3 máquinas más sus accesorios × 12.346 € = 37.038 €.
+ Envase y embalaje para la exportación = 653 €.
+ Certificado de Origen de la Cámara de Comercio de Bilbao: 50 €.
= Precio de coste para la venta internacional = 37.741 €.
+ Beneficio (margen comercial aplicable a la operación) = 3.500 €.
= Precio base para la venta internacional = 41.241 €.
+ Comisión del agente comercial = 2 % × 41.241 € = 824 €.
Precio EXW Bilbao = 42.065 €.

Comentario. Fijar la comisión del agente comercial en un tanto por ciento del precio base para la venta internacional lo desincentiva para ofrecer y negociar reglas Incoterms® más largas (con mayores costes, como los de los grupos C o D) con las que conseguir una mayor remuneración.

2. *FCA Bilbao, Incoterms® 2010*
A diferencia del EXW, FCA Bilbao supone para el vendedor cargar y estibar la mercancía en el vehículo (es lo adecuado por disponer de su personal en el almacén de carga, pero no lo desagregamos al ser un coste interno y general del almacén) y despachar de exportación (necesario por ser Bielorrusia un país tercero que permite disponer del DUA). Por tanto:

Precio EXW Bilbao = 42.065 €.
+ Despacho de exportación = 35 €.
Precio FCA Bilbao = 42.100 €.

3. *CPT Minsk, Incoterms® 2010*
CPT implica para el vendedor contratar y pagar el transporte principal por camión desde Bilbao a Minsk. El riesgo se transmite al comprador cuando la mercancía se entrega al transportista en el almacén de Bilbao. Por tanto:

Precio FCA Bilbao = 42.100 €.
+ Transporte internacional por carretera de Bilbao a Minsk = 5.177 €.
Precio CPT Minsk = 47.277 €.

4. *CIP Minsk, Incoterms® 2010*
Entre CPT y CIP, la única diferencia es que el vendedor debe contratar un seguro que cubra los riesgos que soporta el comprador. Por tanto, se añade el coste de dicha prima al precio CPT para obtener el precio cotizado en CIP.

Precio CPT Minsk = 47.277 €.
+ Prima de seguro del transporte internacional por carretera: 114 €.
Precio CIP Minsk = 47.391 €.

5. *DAP Minsk, Incoterms® 2010*

   En DAP, si suponemos que el vendedor opta por contratar la prima de seguro que en CIP cubría los riesgos del comprador para cubrir ahora los que soporta el vendedor hasta Minsk, no existe una diferencia en coste respecto a la posición CIP (en caso contrario, se restaría de CIP la prima para obtener el precio DAP). Por tanto:

   Precio DAP Minsk = 47.391 € = Precio CIP Minsk.

6. *DDP Minsk, Incoterms® 2010*

   Respecto a DAP, en DDP el vendedor asume la gestión, el coste y los impuestos del despacho de importación. Por tanto:

   Precio DAP Minsk = 47.391 €.
   + Despacho de importación e impuestos: 1.467 €.
   Precio DDP Minsk = 48.858 €.

Determinación de la responsabilidad y del riesgo ante siniestros

Supongamos que ha ocurrido un siniestro en el trayecto por carretera entre Bilbao y Minsk. En la siguiente tabla, se indica para cada regla Incoterms® quién debe asumir la pérdida por soportar el riesgo en el momento en que ocurre el siniestro.

Regla Incoterms® *Lugar del siniestro*	*EXW* *Bilbao*	*FCA* *Bilbao*	*CPT* *Minsk*	*CIP* *Minsk*	*DAP* *Minsk*	*DDP* *Minsk*
Durante el transporte por carretera de Bilbao a Minsk	C	C	C	C	V	V

Caso 3. Expedición a Italia mediante transporte combinado carretera y marítimo (transporte marítimo de corta distancia)

Datos de la operación

Una cooperativa agrícola de Valdepeñas distribuye vino a granel a distintas bodegas europeas. Ha recibido una petición para cotizar precios de vino con destino a Italia en función de distintas posiciones o reglas Incoterms®.

La bodega italiana compradora está ubicada en Prato, al este del puerto de Livorno, y se dedica a elaborar y adquirir vino que envejece y comercializa desde sus bodegas a todo el mundo.

El pedido que hay que cotizar está compuesto por 54.000 l de vino a granel que se transportan en tres camiones cisterna que combinarán transporte por carretera y marítimo entre los puertos de Valencia y Livorno.

La empresa española calcula y oferta precios utilizando estas reglas Incoterms®:

— FCA Valdepeñas, Incoterms® 2010.
— FCA terminal ro-ro puerto de Valencia, Incoterms® 2010.
— CPT terminal ro-ro puerto de Livorno, Incoterms® 2010.
— CIP terminal ro-ro puerto de Livorno, Incoterms® 2010.
— DAT terminal ro-ro puerto de Livorno, Incoterms® 2010.
— DAP Prato, Incoterms® 2010.

Resto de datos de la operación:

— Precio de coste unitario del litro de vino a granel: 1,57 €.
— Transporte por carretera de Valdepeñas a la terminal ro-ro del puerto de Valencia: 548 € por cada camión cisterna.
— Costes en terminal ro-ro de puerto de Valencia (manipulación, estancia, tasas, etc.): 45 € por camión.
— Coste del transporte marítimo entre los puertos de Valencia y Livorno: 735 € por camión.
— Costes en terminal ro-ro de puerto de Livorno (manipulación, estancia, tasas, etc.): 54 € por camión.
— Transporte por carretera del puerto de Livorno a Prato: 273 € por camión.
— Prima de seguro global: 197 €.
— Margen comercial (beneficio) aplicable a la operación: 12 %.

Determinación del precio según la regla Incoterms®

Siguiendo una estructura de costes similar a la de los casos anteriores y particularizada para esta operación, calculamos los precios o cotizaciones correspondientes a cada regla Incoterms®.

1. *FCA Valdepeñas, Incoterms® 2010*

   El FCA local vendedor implica calcular un precio que debe incluir el coste de producción, la carga del vehículo (no la tratamos como coste diferenciado, pues es un producto a granel y suele ser un proceso mecánico supervisado por los operarios del vendedor), y el beneficio aplicado a la operación. Por tanto:

   + Precio de coste de fabricación = 54.000 l × 1,57 € = 84.780 €.

   = Precio de coste para la venta internacional = 84.780 €.

   + Beneficio (12 % × 84.780 €) = 10.173 €.

   = Precio FCA Valdepeñas = 94.953 €.

2. *FCA terminal ro-ro puerto de Valencia, Incoterms® 2010*

   El lugar geográfico que acompaña a la regla Incoterms® implica una nueva obligación para el vendedor en comparación con el anterior FCA Valdepeñas. Con FCA terminal ro-ro puerto de Valencia, el vendedor debe contratar y pagar el transporte hasta que la mercancía se entrega en dicha terminal sobre el vehículo.

   Una vez que la carga llega a esta terminal, se transmite el riesgo del vendedor al comprador y además éste asume el resto de costes de la operación, por ejemplo los costes en dicha terminal, tras la llegada de la mercancía y hasta el embarque para su transporte marítimo: manipulación y acarreo con mafis (remolques para uso interno en los puertos), tasas portuarias, etc. Suponemos que el transporte marítimo se hace exclusivamente de los semirremolques sin la cabeza tractora. Así pues:

   Precio FCA Valdepeñas = 94.953 €.

   + Transporte por carretera desde Valdepeñas a la terminal ro-ro del puerto de Valencia (548 € × 3 camiones) = 1.644 €.

   = Precio FCA terminal ro-ro puerto de Valencia = 96.597 €.

3. *CPT terminal ro-ro puerto de Livorno, Incoterms® 2010*

   En comparación con FCA, en CPT terminal ro-ro de Livorno el vendedor debe pagar los costes en la terminal de Valencia y el transporte marítimo hasta la terminal de Livorno. Por tanto:

   Precio FCA terminal ro-ro puerto de Valencia = 96.597 €.

   + Costes en terminal ro-ro de puerto de Valencia (45 € × 3 camiones) = 135 €.

   + Transporte marítimo entre Valencia y Livorno (735 € × 3 camiones) = 2.205 €.

   = Precio CPT terminal ro-ro puerto de Livorno = 98.937 €.

4. *CIP terminal ro-ro puerto de Livorno, Incoterms® 2010*

   La diferencia entre CPT y CIP es el seguro que debe contratar y pagar el vendedor para cubrir los riesgos que asume el comprador desde origen. Por tanto:

Precio CPT terminal ro-ro puerto de Livorno = 98.937 €.
+ Prima de seguro: 197 €.
= Precio CIP terminal ro-ro puerto de Livorno = 99.134 €.

5. *DAT terminal ro-ro puerto de Livorno, Incoterms 2010®*
En DAT terminal de Livorno no se incluyen costes nuevos en comparación con CIP mismo punto si suponemos que el vendedor opta por contratar un seguro que cubre sus riesgos en las mismas condiciones y coste que el que debiera contratar en CIP para cubrir los riesgos del comprador (en caso contrario, se restaría dicho importe del precio CIP para obtener el precio DAT). Por tanto:

Precio DAT terminal ro-ro puerto de Livorno = 99.134 € = Precio CIP terminal ro-ro puerto de Livorno.

6. *DAP Prato, Incoterms® 2010*
DAP Prato implica para el vendedor contratar y pagar el transporte hasta destino. Por tanto, en comparación con DAT, debe asumir los costes que se generan en la terminal y el transporte por carretera posterior de las tres cisternas hasta la ciudad de Prato, punto de entrega final de la mercancía. Así pues:

Precio DAT terminal ro-ro puerto de Livorno = 99.134 €.
+ Costes en terminal ro-ro de puerto de Livorno (54 € × 3 camiones) = 162 €.
+ Transporte terrestre de Livorno a Prato (273 € × 3 camiones) = 819 €.
= Precio DAP Prato = 100.115 €.

Determinación de la responsabilidad y del riesgo ante siniestros

Vamos a suponer que ocurre un siniestro en diferentes puntos de la cadena logística internacional, y comparándolos con el punto de entrega especificado en cada regla Incoterms® determinaremos qué parte debe asumir las consecuencias. Los puntos donde vamos a suponer que ocurre el siniestro son:

1. Transporte por carretera de Valdepeñas a puerto de Valencia.
2. Durante la estancia de las tres cisternas en la terminal ro-ro de Valencia.
3. Durante el transporte marítimo de Valencia a Livorno.
4. Durante la estancia de las tres cisternas en la terminal ro-ro de Livorno.
5. Transporte por carretera entre Livorno y Prato.

En la siguiente tabla, se indica para cada regla Incoterms® quién debe asumir la pérdida por soportar el riesgo en el momento en que ocurre el siniestro.

Regla Incoterms® Lugar del siniestro	FCA Valdepeñas	FCA Valencia	CPT Livorno	CIP Livorno	DAT Livorno	DDP Prato
1. Transporte por carretera de Valdepeñas a puerto de Valencia	C	V	C	C	V	V
2. Durante la estancia de las tres cisternas en la terminal de Valencia	C	C	C	C	V	V
3. Durante el transporte marítimo	C	C	C	C	V	V
4. Durante la estancia de las tres cisternas en la terminal de Livorno	C	C	C	C	C	V
5. Transporte por carretera entre Livorno y Prato	C	C	C	C	C	V

Caso 4. Expedición a Alemania mediante transporte combinado carretera y ferrocarril (autopista ferroviaria Perpiñán-Luxemburgo)

Datos de la operación

Una empresa textil catalana domiciliada en Blanes (Girona) distribuye su producción a escala nacional y europea, y uno de sus mercados principales es el alemán. Ha recibido una petición de cotización en distintas reglas Incoterms® para una partida de productos desde uno de sus mejores clientes en dicho mercado, domiciliado en Colonia (Alemania).

La rapidez con la que debe servir las peticiones de sus clientes ha llevado a la empresa a contratar el transporte internacional por carretera, en su modalidad de combinado con el ferrocarril, mediante autopista ferroviaria entre Perpiñán y Luxemburgo, lo que le permite entregar en plazos de 24 horas. El trayecto ferroviario dura 12 horas y agiliza la operación liberándola de las restricciones de los tiempos de conducción y descanso, los peajes y reduciendo la contaminación producida por el transporte.

La operación se lleva a cabo con un transportista internacional de carretera que efectúa los acarreos en origen y destino y que a su vez contrata con la empresa ferroviaria el trayecto intermodal entre las terminales de Le Boulou (Perpiñán, Francia) y Bettembourg (Luxemburgo).

El pedido del cliente lo componen 27.200 camisetas en 270 cajas repartidas en 24 europalés que serán cargados y transportados en un camión completo desde Blanes a Colonia.

Se van a pasar cotizaciones al comprador alemán en base a estas reglas Incoterms®:

- FCA Blanes, Incoterms® 2010.
- FCA terminal Distriport Le Boulou, Perpiñán, Incoterms® 2010.
- CPT Scheleck II. Container Terminal, Bettembourg, Luxemburgo, Incoterms® 2010.
- CIP Scheleck II. Container Terminal, Bettembourg, Luxemburgo, Incoterms® 2010.
- DAT Scheleck II. Container Terminal, Bettembourg, Luxemburgo, Incoterms® 2010.
- DAP Colonia, Alemania, Incoterms® 2010.

Otros de datos de la operación son:

- Precio de coste unitario de cada camiseta: 3,18 €.
- Transporte por carretera de Blanes a la terminal Distriport Le Boulou, Perpiñán: 445 €.
- La tarifa ferroviaria por camión completo, sujeto a las limitaciones marcadas por el operador ferroviario (anchura máxima: 2,60 m; altura máxima: 3,95 m, y peso máximo por semirremolque 38 t), incluye la carga del semirremolque sobre tren y su descarga en la terminal de destino, y asciende a un total de 1.450 € por semirremolque completo en las condiciones del envío (se aplican recargos para mercancía peligrosa, manipulaciones, etc.).
- Transporte por carretera desde la terminal ferroviaria de Bettembourg y Colonia: 375 €.
- Prima de seguro global: 112 €.
- Margen comercial (beneficio) aplicable a la operación: 25 %.

Determinación del precio según la regla Incoterms®

1. *FCA Blanes, Incoterms® 2010*
   Para determinar el precio de venta en esta regla Incoterms® el vendedor debe calcular el precio
   de coste de fabricación del envío, añadirle el coste de cargar la mercancías en el semirremolque
   (lo consideramos como coste interno del almacén) y el margen comercial de la operación (no
   se requiere despacho de exportación por ser un destino intracomunitario). Por tanto:

   + Precio de coste de fabricación: 27.200 camisetas × 3,18 € = 86.496 €.
   = Precio de coste para la venta internacional = 86.496 €.
   + Beneficio (25 % × 86.496 €) = 21.624 €.
   = Precio FCA Blanes = 108.120 €.

2. *FCA terminal Distriport Le Boulou, Perpiñán, Incoterms® 2010*
   Cuando FCA se concreta con un lugar geográfico distinto a las instalaciones del vendedor,
   implica para éste la contratación de un primer transporte hasta dicho lugar. Por tanto, el
   vendedor debe, en comparación con la regla Incoterms anterior, añadir al escandallo de
   costes el relativo al transporte por carretera hasta la terminal de Le Boulou, en Perpiñán. La
   entrega de la mercancía, a efectos de la transmisión del riesgo del vendedor al comprador, se
   produce cuando al transportista de carretera se le entrega la mercancía en Blanes. Así pues:

   Precio FCA Blanes = 108.120 €.
   + Transporte por carretera desde Blanes a la terminal ferroviaria de Le Boulou = 445 €.
   = Precio FCA terminal Distriport Le Boulou = 108.565 €.

3. *CPT Scheleck II. Container Terminal, Bettembourg, Luxemburgo, Incoterms® 2010*
   En comparación con FCA, en CPT terminal de Bettembourg el vendedor debe contratar
   y pagar el transporte hasta dicho lugar geográfico, aunque la entrega se realiza cuando al
   transportista de carretera se le entrega la mercancía en Blanes. Vamos a suponer que la
   tarifa ferroviaria incluye, en las estaciones de origen y destino, las operaciones de carga y
   descarga sobre y desde el vagón ferroviario. En caso de que no fuese así se podrían generar
   costes asociados a dichas operaciones que se deberían añadir a la tarifa ferroviaria según
   la regla Incoterms®. Por tanto:

   Precio FCA terminal Distriport Le Boulou, Perpiñán = 108.565 €.
   + Transporte ferroviario (semirremolque sin cabeza tractora) entre Le Boulou y Bettembourg
     = 1.450 €
   = Precio CPT Terminal, Bettembourg, Luxemburgo = 110.015 €

4. *CIP Scheleck II. Container Terminal, Bettembourg, Luxemburgo, Incoterms® 2010*
   La diferencia entre CPT y CIP estriba en que el vendedor debe contratar un seguro que cubra
   los riesgos del comprador (soportados desde el almacén del vendedor) en las condiciones

que indica la regla Incoterms® (110 % del precio de factura en coberturas de al menos ICC «C»). Así pues:

Precio CPT terminal, Bettembourg, Luxemburgo = 110.015 €.
+ Prima de seguro: 112 €.
Precio CIP terminal, Bettembourg, Luxemburgo = 110.127 €.

5. *DAT Scheleck II. Container Terminal, Bettembourg, Luxemburgo, Incoterms® 2010*
Si seguimos interpretando que la tarifa ferroviaria incluye la descarga del semirremolque desde el vagón a la terminal, en esta posición no se generan costes nuevos respecto a CIP (también interpretamos que el vendedor contrataría el coste para asegurar sus riesgos y que su importe sería similar al que supondría el relativo a CIP). Con estos datos:

Precio DAT terminal, Bettembourg, Luxemburgo = 110.127 € = Precio CIP terminal, Bettembourg, Luxemburgo.

6. *DAP Colonia, Alemania, Incoterms® 2010*
En el caso de DAP Colonia, en comparación con el anterior DAT terminal, el vendedor debe contratar y pagar el coste del transporte hasta Colonia por lo que al escandallo anterior se debe adicionar el acarreo en destino que permite transportar el semirremolque hasta el domicilio del comprador en Colonia. Así pues:

Precio DAT terminal, Bettembourg, Luxemburgo = 110.127 €.
+ Transporte por carretera desde Bettembourg hasta Colonia = 375 €.
Precio DAP Colonia = 110.502 €.

Determinación de la responsabilidad y del riesgo ante siniestros

Vamos plantear si sería el vendedor o bien el comprador quien debe asumir las consecuencias de un siniestro que ocurra en distintos puntos de la cadena logística en función de la regla Incoterms® que se haya acordado en cada caso. Para ello, la clave reside en localizar el punto de entrega o transmisión de riesgo y compararlo con aquel en que se produce el siniestro.

Vamos a suponer que ocurre un siniestro en estas localizaciones:

- Transporte por carretera de Blanes a Le Boulou (Perpiñán).
- Durante la estancia del semirremolque a la espera de su carga en la terminal de Le Boulou.
- Durante el transporte ferroviario de Le Boulou a Bettembourg.
- Durante la espera desde que se descarga del tren hasta su acarreo en destino.
- En el transporte por carretera entre Bettembourg y Colonia.

En la siguiente tabla se indica para cada regla Incoterms® si es el vendedor (V) o el comprador (C) el que debe asumir la pérdida por soportar el riesgo en el momento en que ocurre el siniestro.

Regla Incoterms® Lugar del siniestro	FCA Blanes	FCA Le Boulou	CPT Bettembourg	CIP Bettembourg	DAT Bettembourg	DAP Colonia
1. Transporte por carretera de Blanes a Le Boulou (Perpiñán)	C	V	C	C	V	V
2. Durante la estancia del semirremolque a la espera de su carga en la terminal de Le Boulou	C	C	C	C	V	V
3. Durante el transporte ferroviario de Le Boulou a Bettembourg	C	C	C	C	V	V
4. Durante la espera desde que se descarga del tren hasta su acarreo en destino	C	C	C	C	C	V
5. En el transporte por carretera entre Bettembourg y Colonia	C	C	C	C	C	V

Caso 5. Importación desde Marruecos en transporte por carretera

Elección de la regla Incoterms® que optimiza la operación

Datos de la operación

Una empresa de Lorca (Murcia) se dedicada a la elaboración y distribución de alcaparras, encurtidos y conservas vegetales en general. Completa su fabricación con importaciones en el mercado mundial. Uno de sus principales proveedores es una empresa marroquí domiciliada en Casablanca.

La empresa española ha solicitado de la marroquí precios para un envío de distintos productos que se transportarán en un camión completo por carretera desde Casablanca hasta Lorca. En el proceso de negociación, el proveedor marroquí ha ofrecido estos precios finales:

- FCA Casablanca: 72.580 €.
- CPT Lorca: 74.229 €.
- DAP Lorca: 74.253 €.
- DDP Lorca: 76.321 €.

La empresa española debe elegir una de esas ofertas para aplicar a la operación. Independientemente de que se puedan estudiar otros factores, vamos a escoger la opción que ofrezca el menor precio global en Lorca.

Para escoger entre estas reglas Incoterms® la empresa española necesita conocer lo que le costaría gestionar las fases que, según cada regla Incoterms®, le corresponderían como comprador. Para ello, contacta con varios transitarios con los que trabaja habitualmente. Tras analizar los costes y las condiciones (tiempo, garantía, seguros, servicio, experiencia, etc.), se queda con la mejor oferta, que es la siguiente:

- Transporte por carretera de Casablanca a Lorca: 1.940 €.
- Seguro de transporte de Casablanca a Lorca: 104 €.
- Despacho de importación (gestión e impuestos): 1.320 €.

Regla Incoterms® *Lugar del siniestro*	*FCA* *Casablanca*	*CTP* *Lorca*	*DAP* *Lorca*	*DDP* *Lorca*
Conceptos que debe pagar el comprador, en cada caso	72.580 €	74.229 €	74.253 €	76.321 €
Transporte de Casablanca a Lorca	1.940 €	Ya incluido	Ya incluido	Ya incluido
Seguro de transporte	104 €	104 €	Ya incluido (soporta el riesgo el vendedor)	Ya incluido (soporta el riesgo el vendedor)
Despacho de importación	1.320 €	1.320 €	1.320 €	Ya incluido
Precio final	75.944 €	75.653 €	75.573 €	76.321 €

Del análisis de la tabla comparativa se desprende la conclusión de que la regla Incoterms® que optimiza la cadena logística es DAP Lorca, pues permite conseguir un menor precio final en el almacén del comprador. Además, teniendo un precio similar a CPT, al comprador le interesa comprar DAP, ya que el vendedor asume el riesgo durante el transporte hasta su almacén, y sólo si la mercancía se entrega allí está obligado a pagar su precio (si no existen otras condiciones específicas en el contrato de compraventa).

Capítulo 3

El contrato de transporte internacional. El Convenio CMR

1   El Convenio CMR[1]

Regula desde 1956 el contrato de transporte internacional de mercancías por carretera, en la Unión Europea y los países de su entorno. Ha sentado las bases del actual derecho privado del transporte y se encuentra entre los principales referentes de los marcos jurídicos que se han generando y promulgado desde entonces sobre esta materia. De este modo, el derecho del transporte se encamina hacia una regulación homogénea, donde se prevea el tratamiento de la multimodalidad en los contratos de transporte internacional.

Constituye una de las normas de mayor aceptación y aplicación en el derecho privado del transporte internacional. En este capítulo analizamos los artículos y apartados de mayor importancia práctica para el cargador y el porteador, por lo que se recomienda al lector disponer de una versión completa del Convenio CMR para su consulta.

1.1   *Relación entre compraventa internacional, contrato de transporte CMR y reglas Incoterms® 2010*

El Convenio CMR no incluye la definición de contrato de transporte, por lo que nos remitimos a la Ley 15/2009 promulgada en España que, aunque es posterior, contiene

---

[1] El Convenio CMR se formalizó en Ginebra el 19 de mayo de 1956. España se adhirió a él el 12 de septiembre de 1973 (BOE 109, de 7 de mayo de 1974) y una posterior corrección de errores (BOE de 15 de junio de 1995). Este convenio fue modificado por el Protocolo de Ginebra de 5 de julio de 1978 (BOE 303, de 18 de diciembre de 1982), mediante el que se adopta el derecho especial de giro (DEG) para la determinación del límite de responsabilidad del porteador. El Convenio CMR fue ratificado en junio de 2011 por 55 países de los que 41 (todos los europeos) también ratificaron el protocolo de 1978.

Caso práctico de identificación de las partes del contrato de transporte CMR según la regla Incoterms® aplicada a la compraventa

Una empresa radicada en Alicante ha formalizado una compraventa internacional de una partida de jabón a un cliente londinense. Se ha acordado que el transporte de las mercancías se hará por carretera.

Opción 1

Se pacta *ex works*[2] Alicante o FCA Alicante (instalaciones del fabricante, vendedor). En este caso, la empresa compradora es la que debe contratar el transporte desde el lugar de entrega (Alicante) hasta Londres, por lo que las partes del contrato serían:

1. *Cargador.* La empresa compradora londinense, que según la regla Incoterms® debe contratar el transporte.
2. *Porteador.* Una agencia de transporte internacional de Barcelona a la que la empresa londinense ha contratado para realizar el transporte desde Alicante hasta Londres.
3. *Destinatario.* El comprador londinense de la partida de jabón.
4. *Expedidor.* La empresa alicantina que vende el jabón.

Opción 2

Se pacta CPT, CIP, DAP o DDP Londres. Se entiende Londres como las instalaciones del comprador de la partida de jabón.

Con cualquiera de estas reglas Incoterms®, la empresa vendedora alicantina debe contratar el transporte hasta el lugar de entrega designado, Londres, por lo que las partes del contrato serían:

1. *Cargador.* La empresa alicantina.
2. *Porteador.* La agencia de transporte internacional de Barcelona con la que se contrata este servicio.
3. *Destinatario.* La empresa londinense compradora.
4. *Expedidor.* La empresa alicantina.

Esta identificación de las partes del contrato de transporte y de la compraventa varía en función de la gestión logística y la implicación de terceros o intermediarios en las operaciones (operadores logísticos, transitarios, etc.).

Por otra parte, una vez que la agencia se obliga como porteador a efectuar el transporte, puede subcontratarlo con un transportista efectivo, ante el que actuará como cargador en un segundo contrato, manteniéndose las figuras de expedidor y destinatario.

---

[2] Téngase en cuenta las precauciones analizadas en el capítulo 2 respecto a la regla Incoterms® EXW.

dicha definición que entendemos aplicable por analogía (considerando el ámbito internacional de los contratos que regula este convenio).

El contrato de transporte internacional de mercancías obliga al porteador, a cambio de un precio, a trasladar una carga de un lugar a otro (entre dos países) y ponerla a disposición de la persona designada en el contrato.

Para completar el concepto y alcance de este contrato, es preciso determinar las partes que intervienen en el mismo, que son:

- *Cargador:* quien contrata en nombre propio la realización de un transporte y frente al cual el porteador se obliga a efectuarlo.
- *Porteador:* quien asume la obligación de realizar el transporte en nombre propio con independencia de que lo ejecute por sus propios medios o subcontrate su realización.
- *Destinatario:* persona a quien el porteador ha de entregar las mercancías en el lugar de destino.
- *Expedidor:* es el tercero que, por cuenta del cargador, entrega las mercancías al transportista en el lugar de recepción acordado.

El contrato de transporte suele ser consecuencia de un contrato de compraventa internacional, en el que normalmente se acuerda aplicar una regla Incoterms®, en función de la cual se definen las obligaciones de vendedor y comprador respecto al transporte.

A continuación, planteamos las opciones, la identificación de las partes y su papel en el contrato de compraventa basándonos en las principales reglas Incoterms® que se suelen utilizar en el transporte internacional por carretera.

2　Ámbito de aplicación

Artículo 1. 1. El presente convenio se aplicará a todo contrato de transporte de mercancías por carretera realizado a título oneroso por medio de vehículos, siempre que el lugar de carga de la mercancía y el lugar previsto para la entrega al destinatario, tal como se indica en el contrato, estén situados en dos países diferentes, uno de los cuales al menos sea un país contratante, independientemente del domicilio y nacionalidad de las partes del contrato.

El Convenio CMR se aplica a los contratos de transporte internacional de mercancías por carretera entre dos países cuando uno de ellos es contratante del convenio, y cuando se trata de contratos de transporte público y, por tanto, onerosos o retribuidos. Así, una empresa española que realice ventas internacionales a Europa y transporte los productos vendidos con su propia flota y sus conductores está realizando un transporte privado complementario, según la clasificación de los transportes que se hace en la Ley de Ordenación del Transporte Terrestre (LOTT), en cuyo caso no se le aplica el Convenio CMR. Por el contrario, cuando un cargador (sea el fabricante o el expedidor de la mercancía o un porteador que contrata un transportista efectivo) recurre y contrata de forma onerosa a un transportista público para realizar el transporte desde o hasta España, sí se le aplica.

Según datos de la Unece (Comisión Económica para Europa de las Naciones Unidas), en junio de 2011 los países firmantes del Convenio CMR eran 55,[3] entre los que se encuentran todos los de la Unión Europea y los países de su entorno. Ello implica que cualquier contrato de transporte internacional de mercancías por carretera con origen o destino en España está regulado por dicho convenio.

Además, algunos países europeos, entre ellos Austria y Bélgica, lo han incorporado para regular los contratos de transporte interior o nacional (dentro de su territorio) de mercancías por carretera. Es una tendencia que va en aumento y que ha sido apoyada por la IRU[4] (Unión Internacional de los Transportes por Carretera) con el objetivo de lograr un marco regulador homogéneo en toda Europa.

Sin embargo, en España se ha optado por disponer de un marco jurídico específico regulador del contrato de transporte nacional de mercancías por carretera y ferrocarril, la Ley 15/2009[5] del Contrato de Transporte Terrestre.

> *4. Este convenio no se aplicará: a) a los transportes efectuados bajo la regulación de convenios postales internacionales; b) a los transportes funerarios; c) a los transportes de mudanzas.*

Estas excepciones a la aplicación del Convenio CMR obedecen a diferentes motivos. Los convenios postales internacionales y los transportes funerarios tienen una

---

[3] Los países firmantes del Convenio CMR son: Albania, Alemania, Armenia, Austria, Azerbaiján, Bielorrusia, Bélgica, Bosnia Herzegovina, Bulgaria, Croacia, Chipre, Dinamarca, Eslovaquia, Eslovenia, España, Estonia, Finlandia, Francia, Georgia, Grecia, Holanda, Hungría, Irán, Irlanda, Italia, Jordania, Kazajstán, Kirguistán, Letonia, Líbano, Lituania, Luxemburgo, Macedonia, Malta, Marruecos, Moldavia, Mongolia, Montenegro, Noruega, Polonia, Portugal, Reino Unido, República Checa, Rumanía, Rusia, Serbia, Siria, Suecia, Suiza, Tayikistán, Túnez, Turkmenistán, Turquía, Ucrania y Uzbekistán. El estatus de ratificación del convenio se puede consultar en el sitio web de Unece, www.unece.org.

[4] Para mayor información sobre la IRU, visitar su sitio web www.iru.org.

[5] La Ley 15/2009 del contrato de transporte terrestre de mercancías regula en España el régimen jurídico del contrato de transporte nacional de mercancías por carretera. Esta ley reconoce en su preámbulo la adopción como modelos de derecho tanto el Convenio CMR (adaptado en lo sustancial) como el Convenio CIM, que regula el contrato de transporte internacional de mercancías por ferrocarril.

normativa específica. En cuanto a las mudanzas, suponen operaciones que implican un servicio más amplio que el del transporte y están sometidas a «condiciones de servicio» acordadas en corporaciones como la FIDI[6] (Federación Internacional de Empresas de Mudanzas). En el ámbito nacional, sin embargo, el contrato de mudanza queda regulado en el capítulo VIII de la Ley 15/2009, «Normas especiales del contrato de mudanza», artículos 71 a 77.

> *Art. 2. 1. En el caso de que el vehículo que contiene la mercancía sea transportado por mar, ferrocarril, vía navegable interior o aire en una parte de su recorrido, sin ruptura de carga —salvo que eventualmente se aplique el art. 14—, este convenio se aplicará al conjunto del transporte. Sin embargo, si se prueba que se ha producido una pérdida, avería o demora en la entrega de la mercancía durante el transporte no realizado por carretera, y que no ha sido causada por ningún acto u omisión del transportista por carretera, sino por un hecho producido durante y por razón del transporte no realizado por carretera, la responsabilidad de este transportista no será determinada por el citado convenio; se determinará tal como correspondería a un transportista por medios distintos a la carretera, en el caso de haberse concluido un contrato de transporte entre el cargador y ese otro transportista, de acuerdo con las disposiciones legales vigentes aplicables al transporte de mercancías por un medio distinto de la carretera. Si tales disposiciones no existen, la responsabilidad del transportista por carretera será determinada por el presente convenio.*

Se regulan en este artículo los casos, cada vez más comunes en un entorno logístico multimodal, en los que se transporta el camión con la carga en buque o en tren, ya sea en un único transporte o de forma parcial. Se aplica el Convenio CMR a todo el transporte, pero si la pérdida, daño o retraso se produce por razón exclusiva y durante el trayecto marítimo o en tren, se aplica la legislación que rige a escala internacional el contrato de transporte de mercancías para esos medios, al igual que los límites de responsabilidad del transportista (para transporte marítimo, Reglas de la Haya-Visby: 2 DEG/kg bruto o 666,67 DEG/bulto, la mayor de ambas, y para transporte por ferrocarril Convenio CIM: 17 DEG/kg bruto).

La razón estriba en que el transportista por carretera que, por ejemplo, haya contratado una naviera para hacer un servicio de transporte marítimo, sólo obtendrá como cargador una indemnización de ésta en virtud de dicha normativa. Las indemnizaciones por responsabilidad del porteador en el medio marítimo varían con respecto a las que aplica el Convenio CMR, de modo que el transportista también responderá ante el cargador original sobre la base de dicha normativa, los límites y supuestos de responsabilidad.

---

[6] Se puede consultar más información en los sitios web www.fidi.com y www.fedem.es.

3   Personas por las cuales responde el transportista

> *Art. 3. A efectos de aplicación de la presente convención, el transportista responderá, igual que de sus propios actos u omisiones, de los actos y omisiones de sus empleados y de todas las personas a cuyos servicios recurra para ejecutar el transporte, cuando éstos estuviesen a efecto de dichos actos y omisiones en el ejercicio de sus funciones.*

El transportista original que contrata con el cargador (porteador) es responsable de las acciones de todos aquellos que trabajan para él y también de las de aquellos que subcontrate. En este artículo se cubren los numerosos casos de intermediación con o sin ejecución real del transporte (agencias de transporte, transitarios, colaboración entre transportistas, etc.), así como otras partes integrantes de la cadena logística: transportistas marítimos, empresas ferroviarias, almacenistas, estibadores… y cualquier otra subcontratación posible.

En la actualidad, la intermediación y subcontratación en el sector del transporte por carretera es muy común, conformándose «cadenas de subcontratación». El transportista que contrata a otro responde ante el cargador original de las acciones del transportista efectivo subcontratado. Y ante éste, el porteador ocupa la posición de cargador.

4   Conclusión y ejecución del contrato. Carta de porte CMR

> *Art. 4. La carta de porte es documento fehaciente de la existencia de un contrato de transporte. Su ausencia, irregularidad o pérdida no afecta ni a la existencia ni a la validez del contrato, que sigue estando sometido a las disposiciones de la presente convención.*

Este artículo permite que el contrato de transporte internacional de mercancías por carretera se formalice verbalmente (sin documento escrito), que la carta de porte esté irregularmente formalizada (datos incompletos o erróneos) o incluso su pérdida; sin embargo, es más que recomendable formalizar el contrato en una carta de porte CMR pues, desde el punto de vista contractual, prueba la existencia del contrato mercantil de transporte.

Administrativamente, en España es obligatorio formalizarla en virtud de la Orden FOM 238/2003.[7] Esta orden, aunque regula el documento de control en que deben

---

[7] Orden del Ministerio de Fomento 238/2003, de 31 de enero, por la que se establecen normas de control en relación con los transportes públicos de mercancías por carretera (BOE 38, de 13 de febrero de 2003).

materializarse los contratos de transporte nacional de mercancías por carretera, especifica entre las excepciones los transportes internacionales de la siguiente forma: «Transportes internacionales documentados en una carta de porte ajustada al convenio de 19 de mayo de 1956, relativo al Contrato de Transporte Internacional de Mercancías por Carretera (CMR), la cual deberá, no obstante, conservarse en los términos señalados en este artículo». Por tanto, además de obligatoria, su no formalización es sancionable.

De hecho, más adelante veremos que existe un formato de carta de porte más o menos extendido y utilizado por los operadores (cargador y porteador). Este documento, aparte de ser la prueba de la existencia de un contrato de transporte, atestigua la recogida de las mercancías por el transportista y contiene el resto de las condiciones del contrato: expedidor, destinatario y transportista, plazo, mercancía, origen y destino, fecha de expedición, etc.

No es lógico que un expedidor permita a un transportista recoger un envío de sus instalaciones sin que se emita y firme un recibí de dicho envío, otra de las funciones de la carta de porte. Además, ésta debe redactarse correctamente y teniendo en cuenta que las indicaciones que contiene conforman importantes condiciones del contrato.

4.1 *Modelo de carta de porte CMR. Formalización y relación con la orden de carga y el contrato de transporte continuado*

El Convenio CMR menciona la carta de porte y su contenido, pero no fija ningún modelo o formato específico. Fue la IRU la que, con el fin de normalizar un modelo de carta de porte para mejorar la seguridad jurídica y estandarizar la practica contractual, estableció en 1976 (con actualizaciones posteriores, la última en 2007) un modelo de carta de porte CMR reconocible y muy extendido en el mercado.

Al no establecer el Convenio CMR un formato determinado, es válida la libre edición y el uso de cualquier formato que cumpla con las condiciones de este convenio, las cuales se analizarán más adelante.

Así pues, el modelo de carta de porte que se emita según las disposiciones del Convenio CMR, puede formalizarse de dos formas.

La primera y más extendida es rellenar con los datos de la operación un formulario de carta de porte CMR basado en el modelo de la IRU o en otro similar. En la práctica, las empresas solicitan a alguna imprenta la elaboración de talonarios con sus datos y los textos más favorables a sus intereses. El formato utilizado es DIN A4 y presenta entre 3 y 5 ejemplares autocopiativos en distintos colores (ejemplar 1, rojo, para el expedidor; ejemplar 2, azul, para el destinatario; ejemplar 3, verde, para el transportista, y siguientes ejemplares para fines de registro, administración, prueba y cobro del servicio).

En este caso, suele ser el transportista el que presenta la carta de porte CMR al expedidor para que incluya los datos de la operación. Este formulario, antes de su cumplimentación, acostumbra a incluir diversos datos: los de la empresa transportista, el sometimiento a una junta arbitral de transporte o a tribunales competentes, avisos sobre seguros y responsabilidades, etc. Son textos muy útiles que predisponen favorablemente ante posibles controversias posteriores.

Si el expedidor (que normalmente coincide con el cargador, usuario y contratante del transporte) acepta dicho formulario debe tener la precaución de analizar las condiciones que lleve insertas a modo de leyenda y comprobar que está de acuerdo con ellas, pues una vez formalizada y firmada, sus condiciones se aplican al contrato de transporte. También puede ocurrir, dado que el Convenio CMR no estipula quién emite la carta de porte, que sea el expedidor el que presente al transportista el formulario donde ésta se formalice. Entonces, al transportista le interesa comprobar que está de acuerdo con las condiciones.

La segunda forma es generar la carta de porte CMR en edición libre, imprimiendo las copias necesarias de un documento que se genera con cualquier procesador de textos y que muchas veces está conectado al programa de gestión que coordina fábrica, almacén, expediciones, facturación, etc. En este caso, se emiten sobre papel los ejemplares de la carta de porte con todos los datos. Este sistema presenta ventajas para el expedidor, pues no necesita comprar y disponer de formularios de carta de porte y, además, puede, en cualquier momento, particularizar el modelo y sus datos para una operación concreta: añadir una casilla, especificar unas condiciones del transporte o dato de la operación, etc. Es recomendable imprimir un documento que guarde el mayor parecido posible con el formato tradicional y más extendido de la carta de porte CMR en aras de una mayor uniformidad en la práctica contractual.

4.1.1   *Orden de carga*

Cuando el cargador (vendedor o comprador en una compraventa, intermediario, operador logístico, transportista, etc.) contrate un transporte, tras contactar y confirmar con el porteador las condiciones del mismo (por teléfono o correo electrónico), conviene que la solicitud del servicio y sus características más importantes se formalicen en una orden de carga, orden de transporte, solicitud de transporte o documento similar que remita el cargador al porteador y que, en su caso, éste acepte expresamente.

La orden de carga, acordada y remitida entre las partes antes de formalizar la carta de porte (que se suele realizar en el momento de la carga del vehículo), se remite por el cargador al porteador (o viceversa) utilizando un canal de comunicación del que quede registro (fax, correo electrónico...) y conteniendo datos de la operación del transporte y algunas de sus condiciones.

No existe un formato estándar de orden de carga, pues varía bastante en función de la operación de transporte (importancia de la mercancía, valor, cantidad, flete, etc.), experiencia de la empresa, confianza y conocimiento entre cargador y porteador, etc. No obstante, suelen presentar dos partes diferenciadas. La primera contiene los datos operativos del servicio de transporte que hay que contratar (cargador, expedidor, destinatario, mercancía, peso, requisitos, origen y destino, plazo de entrega, etc.). La segunda se refiere a las condiciones que se acuerdan aplicar al contrato CMR que, en todo caso, deben respetar pero que pueden concretar. En esta segunda parte suele indicarse el precio del transporte y su plazo (60, 90 días) y forma de pago (transferencia, cheque...). A veces, la orden de carga es extensa (hasta dos o tres páginas) y la parte que la recibe debiera analizarla antes de aceptarla. Las condiciones pactadas pueden repetirse en la carta de porte CMR o no, siendo de aplicación al haberse acordado en la orden de carga.

En los casos prácticos que se recogen en el último capítulo de este libro, se presentan modelos de orden de carga, sin un modelo estandarizado, aplicados a los casos prácticos de contratos de transporte internacional. En ellos se aprecia su importancia respecto del contrato de transporte.

Es conveniente numerar o identificar las órdenes de carga de forma que se pueda incluir en la carta de porte CMR posterior dicha numeración o identificación y así sea posible relacionar ambas fácilmente.

4.1.2　Contrato de transporte continuado

Tradicionalmente se ha contratado el transporte por carretera de forma puntual (contrato-viaje), sin embargo, también se pueden pactar condiciones de transporte a largo plazo. Esta otra forma de determinar las condiciones del transporte consiste en un acuerdo marco o contrato de transporte continuado (o duración continuada) que recoge una serie de condiciones (precio y su revisión, plazos de recogida y entrega, forma de pago, etc.) para aplicar a operaciones de transporte durante un período de tiempo determinado (año, temporada, etc.). Esta opción es aplicable a relaciones estables como contratos logísticos, contratos de servicio recurrente, etc.

En este tipo de contrato se puede acordar que la solicitud de cada servicio se formalice con una orden de carga y la posterior carta de porte CMR.

4.2　Importancia de la carta de porte. Circuito documental

4.2.1　Importancia de la carta de porte

Art. 9.1. La carta de porte da fe, salvo prueba en contrario, de las condiciones del contrato y de la recepción de la mercancía por el transportista.
2. En ausencia de anotación en la carta de porte de las reservas motivadas del transportista, se presumirá que la mercancía y su embalaje estarán en buen estado aparente en el momento en que el transportista se hizo cargo de la misma, y que el número de los paquetes, así como sus marcas y números, estarán conformes a los mencionados en la carta de porte.

La carta de porte cumple dos funciones especialmente significativas. En primer lugar, como hemos visto, es una prueba fehaciente de las condiciones del contrato de transporte. El Convenio CMR regula las condiciones de este contrato, pero deja a las partes un amplio margen para concretar algunos aspectos importantes: precio, sometimiento a junta arbitral o tribunales (jurisdicción), declaración de valor, plazo de transporte, etc. Las condiciones incluidas en la carta de porte son las que conforman y concretan el contrato de transporte.

Ante cualquier controversia posterior (reclamación por pérdida, avería o retraso del cargador, etc.), la carta de porte CMR es el documento clave para hacer valer los derechos de la reclamación. Por tanto, interesa redactarla de manera correcta y precisa.

Con frecuencia, debido a la celeridad de las operaciones, la costumbre o la falta de información sobre el alcance y la importancia de la correcta formalización de la carta de porte, ésta presenta errores, inexactitudes, contradicciones o le faltan datos importantes, aspectos todos ellos que se deben subsanar.

La segunda función de la carta de porte es actuar de «recibí del transportista» por las mercancías. El ejemplar número uno (rojo) que se queda el expedidor prueba que el transportista recogió la mercancía en la fecha y las condiciones que en la carta se reflejan. En el caso de un incumplimiento contractual que ocasione una pérdida, avería o demora en la entrega, este ejemplar es la prueba de la cual dispone el expedidor para llevar cabo la reclamación junto con el resto de documentación que se haya utilizado y que esté relacionada con el transporte (orden de carga, albarán, factura, etc.).

Por otra parte, ante la ausencia de reservas del porteador, se presume que la mercancía, tal y como se describe en la carta de porte, se cargó en buen estado en el vehículo en el punto de origen, y el porteador deberá entregarla así en destino. Por eso es esencial que toda anomalía observada por el transportista se indique en este documento. Si la mercancía no se entrega en destino tal y como se describe, se presupone responsabilidad del porteador. De hecho, el destinatario debe comprobar a la llegada de la carga el contenido de la misma basándose en lo expresado en la carta de porte CMR o la relación de contenido adjunta.

Es preciso, pues, extremar las precauciones para una correcta formalización y redacción de la carta de porte CMR.

4.2.2 Circuito documental

Art. 5.1. La carta de porte se expedirá en tres ejemplares originales, firmados por el remitente y el transportista. Dichas firmas podrán ir impresas o ser sustituidas por los sellos del remitente y del transportista en el caso de que lo permita la legislación del Estado en que se haya expedido la carta de porte. El primer ejemplar se entregará al remitente, el segundo acompañará a la mercancía y el tercero lo retendrá el transportista.

La carta de porte CMR se formaliza en el momento de cargar la mercancía en el vehículo. Es firmada, tras revisar e inspeccionar la carga, por expedidor-remitente y por el porteador. El Convenio CMR habla de tres ejemplares, pero suelen emitirse más copias. En España se admite y es habitual sustituir las firmas por sellos, aunque lo más común es firmar y sellar.

El primer ejemplar (rojo) permanece en poder del expedidor-remitente (a menudo, también cargador), mientras que los otros dos ejemplares viajan con la mercancía hasta destino. Una vez allí, el destinatario o consignatario revisa la mercancía a la descarga y firma los ejemplares 2, 3 y siguientes (es habitual formalizar un 4.º y hasta 5.º ejemplar). El destinatario se queda con el 2.º ejemplar (azul) y entrega el 3.º (verde) y siguientes (negro) al transportista.

El modelo de carta de porte CMR más habitual consta de cuatro ejemplares, de los cuales el 4.º es utilizado por el transportista para remitirlo al cargador y probar así, con la firma del destinatario, que se ha realizado la entrega de las mercancías en destino y solicitar el pago del servicio.

En caso de que exista un operador de transporte (agencia, transitario u operador logístico) en la operación, y a fin de que el transportista no tenga que desprenderse del ejemplar con las tres firmas al presentarlo a su operador para justificar el cobro de su servicio, es posible utilizar formularios de cartas de porte de hasta cinco ejemplares autocopiativos. Los ejemplares 4.º y 5.º los remite el transportista efectivo a la agencia, la cual se queda con el 4.º y remite el 5.º al cargador obligado al pago de servicio como prueba de su realización.

Esta práctica de condicionar la presentación de la carta de porte con la firma del destinatario a la obligación de pago no viene impuesta por ley, y de hecho se pueden pactar otras operativas, como que el transportista remita por correo electrónico la factura y el ejemplar 3.º de la carta de porte con la firma del destinatario escaneado, por ejemplo; no obstante, es más que conveniente que el cargador-vendedor disponga de una copia del ejemplar que incluya la firma del destinatario como prueba de que la mercancía que ha vendido ha sido recibida por el comprador. En la actualidad, se afina cada vez más en este sentido y se exige a veces al transportista una carta de porte firmada en destino con la identificación exacta de quien ha descargado la mercancía (DNI o similar). Todas estas concreciones quedan al libre pacto de las partes.

> *2. Cuando la mercancía que se tenga que transportar deba ser cargada en varios vehículos, o cuando se trate de diferentes clases de mercancías o de lotes distintos, el remitente o el transportista tienen derecho a exigir la expedición de tantas cartas de porte como vehículos, clases o lotes de mercancías haya.*

El uso de diferentes vehículos requiere, en la práctica, diferentes cartas de porte para registrar las distintas incidencias que le puedan ocurrir al envío transportado en cada vehículo (uno se avería y el otro no, uno sufre un retraso que no afecta al otro, etc.). Si, por ejemplo, un envío necesita dos vehículos para su transporte se deberá confeccionar una carta de porte CMR para cada vehículo por razones operativas, normativas, etc.

Supongamos que durante el transporte se produce un siniestro o incidencia que afecta sólo a uno de los vehículos, en ese caso se habría afectado (por ejemplo, retrasado) sólo la parte del envío que se transportase en ese vehículo. La carta de porte del envío retrasado reflejaría en la entrega en destino una fecha distinta a la carta de porte del vehículo que se entregó en plazo.

Por otra parte, si un cargador contrata un camión completo para entregar varios lotes o envíos de mercancía a distintos destinatarios (transporte en grupaje), necesitará una carta de porte CMR para cada envío dirigido a un destinatario diferente (cada uno de ellos deberá firmar la entrega de su envío en sus instalaciones).

4.3   Instrucciones y sugerencias para redactar la carta de porte CMR

Ya hemos visto la importancia de la correcta redacción y formalización de la carta de porte, vamos a tratar ahora su contenido según indica el Convenio CMR, indicando sugerencias y consejos para optimizar su formalización.

Presentamos, para relacionar contenido y formato, el modelo más estandarizado y analizamos el contenido que hay que incluir en cada casilla. Cuando dicho contenido está contemplado por una letra del artículo 6 del Convenio CMR se cita el texto y se comenta.

En este artículo se dividen las indicaciones en obligatorias (art. 6.1) u opcionales (arts. 6.2 y 6.3), aunque en la práctica se indican indistintamente unas y otras a criterio de quienes la emiten y formalizan.

A partir del modelo de carta de porte CMR propuesto por la IRU han surgido múltiples derivaciones, versiones y adaptaciones del mismo. De hecho, los servicios de impresión, asociaciones de transportistas, asesorías y gestorías dedicadas a este sector han registrado modelos adaptados a distintos tráficos o que recogen determinadas concreciones que no incluye el modelo más habitual. Incluso existen modelos de carta de porte que sirven tanto para transportes internacionales (cumplen exigencia del CMR) como nacionales (adaptados a la Orden FOM 238/2003 que regula el documento de control[8] que hay que utilizar en los transportes nacionales).

---

[8] La Orden FOM 238/2003 especifica en su artículo 1 que: «Los transportistas, usuarios del transporte de mercancías y operadores de transporte estarán obligados a documentar cada uno de los envíos en que se materialicen los contratos de transporte de mercancías por carretera que celebren en el correspondiente albarán, carta de porte u otra documentación acreditativa, la cual deberá acompañar a las mercancías en su desplazamiento y en la que deberán constar, al menos, los siguientes datos:...», haciendo después una relación de los mismos.

1.Remitente (nombre, domicilio, pais)
Sender (name, address, country)

CARTA DE PORTE INTERNACIONAL
INTERNATIONAL CONSIGNMENT NOTE

Este transporte queda sometido, no obstante toda cláusula contraria al Convenio sobre el Contrato de Transporte Internacional de mercancías por carretera (CMR)

CMR

This carriage is subject, not withstanding any clause to the contrary, to the Convention on the Contract for the International Carriage of the goods by road (CMR)

2. Consignatario (nombre, domicilio, pais)
Consignee (name, address, country)

16. Porteador (nombre de la empresa, domicilio, pais)
Carrier (name, address, country)

Matriculas de los vehículos/*Registration number:*

3. Lugar de entrega de la mercancia (localidad, pais)
Place of delivery of the goods (place, country, date)

17. Porteadores sucesivos (nombre, domicilio, pais)
Succesives carriers (name, address, country)

4. Lugar y fecha de carga de la mercancia (localidad, pais, fecha)
Place and date of taking over the goods (place, country, date)

18. Reservas y observaciones del porteador
Carriers reservations and observations

5. Documentos anexos
Documents attached

6. Marcas y número / *Marks and number*	7. Número de bultos / *Number packages*	8. Clase de embalaje / *Kind of packing*	9. Naturaleza de la mercancia / *Nature of the goods*	10. N.º estadistico / *Statistical number*	11. Peso bruto (kg) / *Gross weight*	12. Volumen m³ / *Volume m³*

Clase / *Class*	Número / *Number*	Letra / *Letter*	(Acuerdo ADR) / *(Agreement ADR)*

13. Instrucciones del expedidor/remitente
Sender's instructions

19. Estipulaciones particulares
Special agreements

20. A pagar por: / *To be paid for:*	Remitente / *Sender*	Moneda / *Currency*	Consignatario / *Consignee*
Precio del porte / *Carriage charges*			
Descuentos / *Deductions*			
Neto / *Balance*			
Otros cargos / *Other charges*			
Total			

14. Forma de pago/*Method of payment*

☐ Porte pagado/*Carriage paid*

☐ Porte debido/*Awaiting payment*

21. Formalizado en　　　　a
Established in　　　　*on*

15. Reembolso a cobrar en destino/*Cash on delivery*

22.

Firma y sello del remitente
Signature and stamp of the sender

23.

Firma y sello del transportista
Signature and stamp of the carrier

24.

Lugar　　　　a
Place　　　　*on*

Firma y sello del consignatario
Signature and stamp of the consignee

Figura 3.1. Formato de carta de porte CMR de la IRU (versión más extendida).

- **Indicaciones de número y destino de los ejemplares**

En la esquina superior izquierda y fuera de la tabla que componen las casillas del formulario se indica el número del ejemplar (1, 2, 3, 4 y siguientes) y su destinatario. Existen cuatro o más posibilidades:

1. Ejemplar para el remitente (rojo).
2. Ejemplar para el consignatario (azul).
3. Ejemplar para el porteador (verde).
4. y siguientes, sin indicación expresa de su destino (negro).

Numeración de identificación. Es habitual y útil para identificar la operación y el contrato de transporte numerar las cartas de porte CMR. No existe un criterio para ello, por lo que suelen numerarse según las instrucciones y amplitud del talonario que solicita el transportista al servicio de impresión o el número que le asigna el remitente si es éste quien lo emite.

- **Encabezado. Cláusula Paramount de sometimiento al Convenio CMR**

> *Art. 6.1.k) Indicación de que el transporte está sometido, a pesar de cualquier cláusula contraria, al régimen establecido por la presente convención*

En cualquier carta de porte CMR debe aparecer una leyenda o expresión que no deje lugar a dudas de que dicho contrato se somete al Convenio CMR. Aun así, no sería necesario desde el punto de vista del carácter imperativo de la norma (diferencia importante respecto a la Ley 15/2009 del contrato de transporte terrestre de mercancías, de carácter dispositivo o supletorio).

- **Casilla 1. Remitente**

> *Art. 6. 1. La carta de porte debe contener las indicaciones siguientes:*
> *Art. 6.1.b) Nombre y domicilio del remitente*

El remitente expedidor, que puede coincidir o no con el cargador en función de la regla Incoterms® aplicada a la operación de compraventa internacional, es quien entrega las mercancías al porteador en origen y debe quedar perfectamente identificado en la carta de porte CMR.

- **Casilla 2. Consignatario**

> *Art. 6.1.e) Nombre y domicilio del destinatario*

Con la indicación de «Consignatario» se identifica al destinatario de la mercancía, es decir, la persona a la que el porteador debe entregar las mercancías en destino. Lo más habitual es que aparezcan los datos de la empresa compradora de la mercancía. En ocasiones, se citan los datos oficiales (domicilio fiscal, etc.) de la empresa compradora en esta casilla, y en la casilla 3 se especifica el lugar exacto donde se deben entregar las mercancías: almacén, depósito, operador logístico del comprador, etc.

- **Casilla 3. Lugar de entrega de la mercancía**
El lugar de entrega de la mercancía es donde el porteador se compromete a entregarla en destino. Debe especificarse con claridad para evitar confusiones o falta de detalle que pueda acarrear retraso u otros problemas en la entrega. La inexactitud de este dato que conlleve consecuencias para la entrega constituye responsabilidad del expedidor, que debe asumir su coste.

- **Casilla 4. Lugar y fecha de carga de la mercancía**

> *Art. 6.1.d) Lugar y fecha de la toma en carga de la mercancía y lugar previsto para su entrega*

El lugar y la fecha de carga de la mercancía suelen coincidir con los de expedición de la carta de porte CMR. Se refieren al punto y al momento en que el transportista se hace cargo de la mercancía en origen y desde donde asume la responsabilidad de su transporte hasta destino.

- **Casilla 5. Documentos anexos**

> *Art. 6.2.g) Lista de documentos entregados al transportista*

Es conveniente indicar la identificación de la documentación entregada al transportista para presentar en destino o en la aduana. Lo más habitual es entregarle diversos documentos: albarán, factura, relación de contenido, certificados y documentos aduaneros, etc.

- **Casilla 6. Marcas y números**

- **Casilla 7. Número de bultos**

- **Casilla 8. Clase de embalaje**

- **Casilla 9. Naturaleza de la mercancía**

> *Art. 6.1.f) Denominación corriente de la naturaleza de la mercancía y del modo de embalaje, así como denominación generalmente reconocida de la mercancía si ésta es peligrosa*
> *Art. 6.1.g) Número de bultos, sus marcas particulares y sus números*

El expedidor es quien aporta los datos referidos a la mercancía que se transporta. En su propio beneficio, le interesa detallarla al máximo, pues, en caso de pérdida o avería, la descripción en la carta de porte será la prueba que inicie el proceso para exigir responsabilidad e indemnización al porteador por las mercancías transportadas.

Una denominación muy genérica puede no identificar correctamente la naturaleza de la mercancía que se transporta (diferencias entre variedades hortícolas, textiles, mobiliario, etc.). A mayor detalle, mayor seguridad de poder reclamar el valor concreto de la mercancía siniestrada.

Por otra parte, el porteador debe comprobar que la descripción de la mercancía se corresponde con lo cargado en el vehículo antes de firmar la carta de porte.

La práctica más habitual es transportar la mercancía paletizada o en bultos (cajas o fardos). Los números y marcas identificativos de los mismos permiten su correcta identificación, gestión, transporte y entrega.

Para describirla se especifica por columnas los datos referidos a «marcas y números» (casilla o columna 6), «número de bultos» (casilla o columna 7), «clase de embalaje» (casilla o columna 8) y «naturaleza de la mercancía» (casilla o columna 9).

La mercancía peligrosa se detalla según indica el Acuerdo ADR,[9] que regula el transporte por carretera de estas mercancías, concretando las precauciones, la

---

[9] El Acuerdo ADR data de septiembre de 1957. Su versión actual se puede consultar en el sitio web del Ministerio de Fomento (www.mfom.es), seleccionando en Áreas de actividad «Transporte Terrestre» y, finalmente, en el apartado «Mercancías peligrosas y Perecederas».

documentación, el envase y demás requisitos que cargador y porteador deben cumplir para transportar este tipo de productos (combustibles, gases, residuos tóxicos, etc.).

Ésta es una de las casillas o grupo de casillas que más varía entre los distintos modelos de cartas de porte CMR que existen en el mercado. La variación suele estribar en que algunas versiones incluyen casillas específicas relacionadas con aspectos operativos del servicio de transporte como palés, transporte sometido a temperatura controlada o casilla expresa sobre si la mercancía es peligrosa o no.

Las casillas relativas a los palés son de especial importancia por los registros y débitos que suelen establecerse entre los expedidores, destinatarios y transportistas en función de si se ha acordado intercambiar los palés en la operación.

- **Casilla 10. Número estadístico**
Esta casilla no se cita en el Convenio CMR, sin embargo, en caso de rellenarse, se inserta el número de nomenclatura combinada (8 dígitos) donde se clasifica la mercancía a nivel comunitario o el código Taric (10 dígitos) en el cual se clasifica a efectos del arancel comunitario. El objetivo es facilitar la clasificación a efectos del arancel o para la posterior declaración Intrastat de la operación intracomunitaria.

- **Casilla 11. Peso bruto**

- **Casilla 12. Volumen**

Art. 6.1.h) Cantidad de mercancía expresada en peso bruto o de otra manera

Este dato cobra especial relevancia cuando posteriormente se produce una reclamación de indemnización pues, como veremos, el límite de responsabilidad del porteador se establece en el Convenio CMR para los casos de pérdida o avería en función del peso bruto (casilla 11) de la mercancía perdida o dañada (en concreto, 8,33 DEG/kg bruto).

Es más habitual la expresión en peso que en volumen, pero en ocasiones se indican ambas. Además, determinadas tarifas pueden estar establecidas en función de un coeficiente de equivalencia entre peso y volumen, cobrándose por el mayor de ambos y siendo así el volumen un dato clave para fijar el precio de la operación (casilla 12).

- **Casilla 13. Instrucciones del remitente**
Espacio muy polivalente en el que se incluyen todo tipo de instrucciones e indicaciones del expedidor que se pueden referir a diferentes aspectos de la

operación; los más comunes son los referidos al plazo del transporte, seguro y, si procede, temperatura en que hay que mantener la mercancía durante el servicio.

Art. 6.1.j) Instrucciones exigidas por las formalidades de aduana y otras

Si el servicio de transporte implica este tipo de operaciones, se pueden indicar en esta casilla de manera expresa (agente de aduanas que hay que contactar, certificados de origen, licencias de importación, etc.).

Art. 6.2. En caso de ser pertinente, la carta de porte debe contener además las indicaciones siguientes:

Se trata de otras menciones que, en principio, no son obligatorias pero que se pueden incluir si cargador y porteador lo acuerdan.

Art. 6.2.a) Mención expresa de prohibición de transbordo

Puede pactarse para aumentar la seguridad en el transporte de forma que se impida la extracción, el manejo y el cambio de vehículo de la mercancía hasta destino. Otra posibilidad es utilizar precintos e indicarlos en la carta de porte.

Art. 6.2.e) Instrucciones del remitente al transportista concernientes al seguro de las mercancías

Es muy usual especificar, siempre de acuerdo con lo que se haya pactado, que las mercancías se transportan «bajo seguro CMR», o «mercancías aseguradas por transportista hasta X valor», etc.

Hay que tener en cuenta que la contratación del seguro no es obligatoria por ley. Algunas reglas Incoterms®, en concreto la CIP, aplicable a transporte por carretera, obliga al vendedor a contratar un seguro que cubra los riesgos del comprador en unas determinadas condiciones (véase el capítulo 2).

Así pues, pueden pactarse distintas situaciones y expresarse en la carta de porte o no expresarse nada y que cada parte contrate o no un seguro para cubrir sus riesgos (véase el capítulo 4).

Art. 6.2.f) Plazo convenido en el que el transporte ha de ser efectuado

---

Este dato es muy importante ya que el convenio CMR especifica (art. 19) de manera muy genérica el plazo de transporte cuando éste no se ha pactado de forma expresa. Se hace referencia al plazo de transporte que se permite a un transportista diligente, criterio a todas luces muy subjetivo.

En los procesos logísticos, donde generalmente prima el flujo tenso de mercancías para reducir costes de almacenaje como vía de optimización, es especialmente importante entregar en el plazo acordado con el cliente, por lo que los compromisos adquiridos en la compraventa suelen trasladarse al contrato de transporte en forma de plazo de entrega.

En ocasiones, el plazo es muy concreto (día y hora o intervalo horario) y está en relación con la programación del trabajo en los almacenes (expediciones y recogidas de mercancía).

Por tanto, si el cargador ha asumido un plazo de entrega, debe trasladarlo al contrato de transporte e incluirlo en la carta de porte CMR en esta casilla. Por supuesto, el plazo debe ser posible y realista y el porteador no debe firmar una carta de porte que incluya un plazo que le sea imposible cumplir (por ejemplo, a causa de los descansos obligados por la normativa de tiempos de conducción y descanso, características de la operación que incluyan servicios auxiliares, etc.).

En caso de firmarse la carta de porte con un plazo de entrega, el porteador lo está asumiendo como condición del transporte.

Art. 6.3. Las partes del contrato pueden añadir en la carta de porte cualquier otra indicación que juzguen conveniente

---

No se cierra la posibilidad a que se incluyan otras condiciones aplicables al contrato de transporte o identificativos de cualquier aspecto de la operación.

Las más habituales se suelen referir a:

– La temperatura que hay que mantener durante el servicio y forma de trabajo del equipo de frío (automático o continuo).

- Horas de llegada y salida del almacén de origen o destino (en caso de no especificarse en otra casilla).
- Registro de las recogidas y entregas de los palés (si no se especifica junto a la descripción de la mercancía).

- **Casilla 14. Forma de pago**

> *Art. 6.1.i) Gastos de transporte (precio, gastos accesorios, derechos de aduana y otros gastos que sobrevengan desde la conclusión del contrato hasta el momento de entrega de la mercancía en destino)*

Las indicaciones referidas al precio y pago del mismo se reparten en la carta de porte entre las casillas 14 y 20. A diferencia de la 20, que no se suele cumplimentar, la 14 sí se rellena, pero de forma tan vaga que puede llevar a confusión.

Lo habitual es que aparezcan dos opciones de las que hay que seleccionar una: porte pagado o porte debido. Sin embargo, sería más exacto especificar el obligado al pago del servicio, por ejemplo, a pagar por expedidor, destinatario o un tercero (si lo hay).

Debe cuidarse en extremo la concreción del obligado al pago del transporte. En caso de no especificarse, la jurisprudencia tiende a atribuir responsabilidad de pago al expedidor, pues se presupone su posición como cargador.

Una forma de concretar el obligado al pago es incluir en esta casilla la regla Incoterms® acordada en la operación, la cual, aunque es aplicable al contrato de compraventa, determina si es el vendedor o el comprador quién está obligado a pagar el transporte.

- **Casilla 15. Reembolso**

> *6.2 c) Suma del reembolso que se percibe en el momento de la entrega de la mercancía*

El reembolso es la cantidad que se ha pactado entre cargador-expedidor y porteador que debe cobrar éste como condición para entregar la mercancía al destinatario. Posteriormente, esta cantidad debe abonarla el porteador al cargador. En estos casos, el servicio de transporte, al incluir un servicio auxiliar, suele llevar implícito un precio por la gestión de cobro.

No es habitual en los transporte internacionales de carga completa, más adecuado para paquetería nacional o internacional con destino al domicilio de particulares, en los que la empresa de paquetería que ofrece este servicio cobra el valor de venta del producto que ha transportado y después lo entrega al cargador.

- **Casilla 16. Porteador**

- **Casilla 17. Porteadores sucesivos**

Art. 6.1.c) Nombre y domicilio del transportista

La carta de porte debe incluir los datos de la empresa porteadora (casilla 16 «Porteador»). Estos datos suelen estar impresos en los talonarios de carta de porte CMR que utilizan los conductores de la empresa porteadora y que ofrecen al expedidor para formalizar el contrato.

En los casos en que interviene un intermediario y, por tanto, existen porteador y porteador efectivo (unidos por un segundo contrato de transporte) o un porteador posterior en la cadena de transporte (poco común), en la carta de porte deben aparecer los datos del porteador en la casilla 16 (transportista, agencia o transitario, etc., que asumen el papel de porteador frente al cargador), y además, en la casilla 17 («porteadores sucesivos») los datos del transportista efectivo (subcontratado por el porteador). Cuando el transportista efectivo es un trabajador autónomo o una empresa que trabaja con una agencia de forma estable, suele disponer de formularios donde aparecen los datos del porteador y donde el transportista efectivo identifica los propios (DNI, matrículas de vehículos y firma).

En las distintas versiones de carta de porte CMR, en esta casilla se suelen insertar las matrículas de los vehículos (cabeza tractora y semirremolque), la licencia comunitaria u otros datos identificativos.

- **Casilla 18. Reservas y observaciones del porteador**
Esta casilla requiere del porteador que, tras revisar la carga de la mercancía, especifique antes de firmar la carta de porte sus reservas o cualquier anomalía que haya detectado sobre el estado de la mercancía, embalaje defectuoso, etc. Ya hemos comentado que, en ausencia de tales reservas, se presume que la mercancía se cargó en el vehículo de acuerdo con su descripción en la carta de porte y en buen estado aparente.

Si no se permite al transportista revisar la carga, esta casilla es el lugar donde debe especificarse tal situación.

En la práctica, cuando la carta de porte forma parte de un talonario de la empresa transportista, esta casilla suele contener cláusulas estandarizadas que se insertan a modo de leyenda y que aluden a aspectos como la no responsabilidad del porteador por perjuicios sufridos por exceso de carga, mal acondicionamiento o embalaje incorrecto, etc.

Algunas de las leyendas más habituales son las siguientes:

- «El transportista no se responsabiliza de los perjuicios sufridos en la mercancía por exceso de carga, mal acondicionamiento o embalaje incorrecto, siendo ello responsabilidad del cargador».
- «Serán por cuenta del remitente los daños ocasionados en la mercancía transportada por vicio, defecto o mal acondicionamiento de la carga, mercancía no preenfriada o mal congelada, motín, huelga o guerra y multas por exceso de peso, carga, estiba y descarga efectuada por remitente o destinatario».
- «El porteador no se hace responsable de la falta de bultos o deterioros de la mercancía, si la reclamación no viene acompañada de un certificado del comisario de averías».

• Casilla 19. Estipulaciones particulares

> *Art. 6.2.d) Valor declarado de la mercancía y la suma que representa el interés especial en la entrega*

En esta casilla se pueden incluir todas las condiciones y los pactos particulares que cargador y porteador acuerdan aplicar al contrato de transporte. Es la casilla indicada para especificar, si procede, una declaración de valor o de interés especial en la entrega (arts. 24 y 26 del Convenio CMR).

Si se ha utilizado una orden de carga para contratar el transporte, y con el objetivo de probar su relación con el contrato y que las condiciones de dicha orden se refieren al contrato de transporte cuya carta de porte se está formalizando, es conveniente indicar la numeración u otra seña identificativa de la orden de carga utilizada en la operación. Asimismo, si la carta de porte es consecuencia del cumplimiento de un contrato de transporte continuado, conviene especificarlo en esta casilla.

Además, cuando la carta de porte forma parte de un talonario propuesto por un transportista, suele incluir cláusulas estandarizadas a modo de leyenda con alusiones a diversas condiciones: el sometimiento a una junta arbitral de transporte o a unos tribunales en concreto, la revisión del precio del transporte, la cuantificación de la paralización, etc.

Algunas de las leyendas más habituales son las siguientes:

- «La duración de este transporte estará sujeta a las normas establecidas en cada país, en el Acuerdo Europeo sobre las Condiciones de Trabajo (Acuerdo AETR)».
- «Las partes intervinientes en este contrato con renuncia de su propio fuero, y para la resolución de cuantas cuestiones o controversias pudieran derivarse de este contrato, se someten expresamente a la competencia de la Junta Arbitral del Transporte de… (provincia)».
- «Si el carburante se encarece durante este porte, el cargador acepta el incremento en su parte proporcional. El transportista tiene la obligación de justificar y aportar las pruebas de dicha subida».

- **Casilla 20. Precio del transporte y obligado su pago**

Art. 6.2.b) Gastos que el remitente toma a su cargo

Esta casilla destinada a recoger los conceptos, importes y obligado a su pago que componen el precio del transporte no suele cumplimentarse por una razón estrictamente comercial. En transporte por carretera, la intermediación o subcontratación es muy común y los márgenes entre los intermediarios (operadores, transitarios, etc.) escasos, por lo que el precio al que cada parte cobra y vende el servicio constituye un aspecto clave que no se quiere dar a conocer mediante la carta de porte.

El precio se suele indicar de forma muy clara en el documento previo, la orden de carga, que se utiliza para contratar el transporte y se remite entre cargador y porteador.

Si se cumplimentara esta casilla indicaría normalmente que el transporte es una única operación sin recargos ni suplementos y que en su totalidad debe ser pagada por el vendedor o el comprador.

- **Casilla 21. Lugar y fecha de formalización**

Art. 6.1. a) Lugar y fecha de su redacción

La práctica más extendida es emitir la carta de porte CMR una vez revisada y cargada la mercancía en el vehículo de transporte o durante este proceso.

Las firmas del expedidor y destinatario tienen el significado de responsabilizarse del contenido y asumir las condiciones incluidas en la carta de porte. Por tanto, no se debe firmar si no se está conforme y se ha comprobado que la carga descrita es la cargada y que se pueden asumir y son ciertas todas las indicaciones contenidas en la carta de porte.

- **Casilla 22. Firma y sello del remitente**
  Con ellos el remitente se responsabiliza de la veracidad y exactitud de los datos contenidos en la carta de porte y asume las condiciones acordadas para el transporte.

- **Casilla 23. Firma y sello del transportista**
  Con ellos el transportista asume las condiciones del contrato de transporte que se obliga a cumplir y prueba que ha recibido las mercancías descritas en la carta de porte para su entrega en destino.

- **Casilla 24. Recibo de la mercancía. Firma y sello del consignatario**
  Mediante su cumplimentación por el consignatario en destino se prueba la entrega de las mercancías por el transportista en el lugar y fecha que se indiquen. Esta casilla, por tanto, se rellena sólo en los ejemplares 2, 3 y 4 (y siguientes, si corresponde) de la carta de porte CMR.

4.3.1 *Otros modelos de carta de porte CMR y sus actualizaciones*

Hemos mencionado que la IRU propuso un modelo para normalizar la contratación que ha sido ampliamente aceptado por el mercado y a partir del cual se han generado distintas versiones.

La IRU ha ido actualizando el formato de carta de porte CMR en función de las necesidades y los cambios producidos desde su primera versión. La última actualización propuesta se aprobó en su Asamblea General de 9 de noviembre de 2007, y consiste, principalmente y en comparación con el modelo presentado, en estas variaciones o actualizaciones:

- Cambio en el orden de las casillas 3 y 4, que así reflejan mejor la temporalización de la operación (primero lugar de carga y después de entrega). Además, se incluyen detalles para especificar en la casilla 3 las horas de llegada y salida, de forma que se registran a efectos del cobro de paralizaciones (también se propone su indicación en la casilla 24 respecto a la entrega en destino) y en la casilla 4 se introduce la posibilidad de especificar la hora de apertura de las instalaciones del destinatario.

- Casillas del porteador. Pasan a ser las 6, 7 y 8, y se añaden espacios para indicar referencias, por ejemplo la aceptación de la mercancía por un transportista sucesivo, etc.

Caso práctico de cumplimentación de una carta de porte CMR

Se presenta a continuación la carta de porte CMR correspondiente a una operación de venta intracomunitaria desde España a Francia.

Datos de la operación

La empresa Rotaplast, SA, situada en el polígono industrial Romica de Albacete (España), produce y comercializa plástico para el sector agrícola. Ha formalizado una compraventa internacional en condiciones DAP Montpellier con uno de sus clientes franceses, la empresa Plastagri, domiciliada en la calle Clos Rene, 46, de Montpellier.

Para cumplir con la regla Incoterms® acordada contrató, mediante orden de carga girada el 19 de enero de 2011, el transporte internacional por carretera del envío con su empresa transportista habitual, Eurotrans, SL, domiciliada en Requena, Valencia (España).

En la orden de carga cursada por fax al transportista se fijó el día 20 de enero de 2011 como la fecha carga del envío en el domicilio del vendedor español.

El contrato de transporte se formaliza en carta de porte CMR mediante un formulario presentado por el porteador y aceptado por el cargador. En el formulario aparece inserta la cláusula de sometimiento expreso de las partes a la Junta Arbitral de Transporte de Valencia.

La fecha de carga y las instrucciones del cargador/vendedor son (orden de carga):

— Lugar de carga: domicilio del vendedor español.
— Fecha de carga: 20 de enero de 2011 a las 9:00 h.
— Fecha límite de entrega: 21 de enero de 2011 entre las 19:00 y las 20:00 h.
— Se entrega lista de contenido al transportista.

Descripción de la mercancía (expresada por el remitente en el contrato CMR)

El envío se compone de 14 europalés EUR EPAL que contienen 140 cajas de plástico con «plásticos para la agricultura» de diferentes tipos. Todas las cajas se indentifican con la marca Rotaplast. Peso bruto del envío: 9.765 kg.

Los 14 europalés son intercambiados con el transportista en el almacén de origen y en el de destino.

Los datos sobre el transporte son:

— Precio del transporte: 1.140 €.
— Portes pagaderos en origen: DAP Montpellier.
— Matrículas del remolque y semirremolque: 4562-BCK y R-3890-BDC.

La mercancía fue recibida el día 21 de enero de 2011 en Montpellier por el encargado del almacén de la compañía destinataria, quien firmó en la entrega el correspondiente contrato CMR.

La figura 3.2 presenta la carta de porte CMR de la operación descrita.

- La anterior casilla 5 «Documentos anexos» pasa a ser la casilla 9 y se denomina «Documentos entregados al transportista».
- Se elimina la casilla «Número estadístico» y se mejoran las relativas a la identificación de las mercancías peligrosas.
- La anterior casilla 13 «Instrucciones del remitente» se convierte en la 16 «Otros acuerdos entre remitente y transportista».
- Las casillas 14 y 20 se reunifican en una nueva, la 17, muy similar a la anterior 20 con un mayor detalle de conceptos componentes del precio de transporte que deben pagar el remitente o el destinatario.

Consideramos que estos cambios son más que acertados, pues actualizan la carta de porte CMR basándose en la experiencia acumulada en muchos años para ganar en seguridad jurídica, concreción y mejor redacción como prueba del contrato de transporte internacional de mercancías.

Aun así, y mientras el nuevo modelo se impone, presentamos el caso práctico de cumplimentación de la carta de porte CMR en el modelo tradicional.

4.4   *Carta de porte electrónica CMR (e-CMR)*

En la era de la tecnología de la información también está regulada la carta de porte CMR electrónica. Ésta puede aportar ventajas de seguridad, rapidez y coste frente a la tradicional carta de porte en papel.

En 2008 se aprobó el Protocolo Adicional al Convenio relativo al contrato de transporte internacional de mercancías por carretera (CMR) referente a la carta de porte electrónica, hecho en Ginebra el 20 de febrero de 2008.

El protocolo trata la posibilidad de que la carta de porte CMR se expida utilizando procedimientos de registro y tratamiento electrónico de datos.

En concreto, en su artículo 2 se dispone que «… cualquier solicitud, declaración, instrucción, orden, reserva u otra comunicación relativa a la ejecución de un contrato de transporte al que sea de aplicación el Convenio (CMR) podrá realizarse por comunicación electrónica».

Se especifica asimismo que la carta de porte electrónica será equivalente en cuanto a su fuerza probatoria y efectos a la carta de porte CMR en papel. La certificación de la carta de porte se realizará mediante firma electrónica u otro procedimiento de certificación electrónica previsto en la legislación del país en el que se haya elaborado dicha carta.

El procedimiento empleado para elaborar la carta de porte electrónica (que incluirá los datos que se indican en el Convenio CMR) deberá garantizar la integridad de las indicaciones que contenga a partir del momento en que haya sido elaborada por primera vez en su forma definitiva.

1. Remitente (nombre, domicilio, país) *Sender (name, address, country)* **ROTAPLAST, SA** **Pol. Industrial Romica** **Albacete (España)**	CARTA DE PORTE INTERNACIONAL *INTERNATIONAL CONSIGNMENT NOTE* **CMR** *This carriage is subject, not withstanding any clause to the contrary, to the Convention on the Contract for the International Carriage of the goods by road (CMR)*	Este transporte queda sometido, no obstante toda cláusula contraria al Convenio sobre el Contrato de Transporte Internacional de mercancías por carretera (CMR)

2. Consignatario (nombre, domicilio, país)
Consignee (name, address, country)

PLASTAGRI
Rue Clos Rene, 46
Montpellier (Francia)

16. Porteador (nombre de la empresa, domicilio, país)
Carrier (name, address, country)

EUROTRANS
Requena
Valencia (España)

3. Lugar de entrega de la mercancía (localidad, país)
Place of delivery of the goods (place, country, date)

Rue Clos Rene, 46
Montpellier (Francia)

Matrículas de los vehículos/*Registration number:*

4562-BCK   R-3890-BDC

17. Porteadores sucesivos (nombre, domicilio, país)
Succesives carriers (name, address, country)

4. Lugar y fecha de carga de la mercancía (localidad, país, fecha)
Place and date of taking over the goods (place, country, date)

Pol. Industrial Romica
Albacete (España)
20/01/2011   9:00

5. Documentos anexos
Documents attached

Packing list

18. Reservas y observaciones del porteador
Carriers reservations and observations

6. Marcas y número *Marks and number*	7. Número de bultos *Number packages*	8. Clase de embalaje *Kind of packing*	9. Naturaleza de la mercancía *Nature of the goods*	10. N.º estadístico *Statistical number*	11. Peso bruto (kg) *Gross weight*	12. Volumen m³ *Volume m³*
ROTAPLAST	**140**	**Cajas plástico**	**Plástico para agricultura**		**9765**	

14 europalés. Se intercambian los europalés

Clase *Class*	Número *Number*	Letra *Letter*	(Acuerdo ADR) *(Agreement ADR)*

13. Instrucciones del expedidor/remitente
Sender's instructions

Fecha límite de entrega 21 de enero de 2011 entre las 19:00 y las 20:00

19. Estipulaciones particulares
Special agreements

Las partes intervinientes en este contrato, con renuncia de su propio fuero, y para la resolución de cuantas cuestiones o controversias pudieran derivarse de este contrato, se someten expresamente a la competencia de la Junta Arbitral de Transporte de la provincia de Valencia (España)

20. A pagar por: *To be paid for:*	Remitente *Sender*	Moneda *Currency*	Consignatario *Consignee*
Precio del porte *Carriage charges* Descuentos *Deductions*			
Neto *Balance* Otros cargos *Other charges*			
Total			

14. Forma de pago/*Method of payment*

[X] Porte pagado/*Carriage paid*

[ ] Porte debido/*Awaiting payment*   **DAP Montpellier**

15. Reembolso a cobrar en destino/*Cash on delivery*

21. Formalizado en   **Albacete**   a   **20/1/11**
Established in   on

22. **ROTAPLAST, SA** **Pol. Industrial Romica** **Albacete (España)** Firma y sello del remitente *Signature and stamp of the sender*	23. **EUROTRANS** **Requena** **Valencia (España)** Firma y sello del transportista *Signature and stamp of the carrier*	24. **PLASTAGRI** Lugar a *Place on* **Place Montpellier on 21/01/2011** Firma y sello del consignatario *Signature and stamp of the consignee*

Figura 3.2. Carta de porte CMR del caso práctico con los ejemplares 2, 3 o 4 del CMR (con la firma del destinatario).

En la fecha de redacción de este libro (junio de 2011), este protocolo sobre el «e-CMR» había sido ratificado por siete países:[10] Holanda, Suiza, Letonia, Bulgaria, Lituania, República Checa y España.

Aun así, en la actualidad sigue utilizándose la carta de porte CMR en papel, pero se prevé que se irá sustituyendo progresivamente por su equivalente electrónica.

5   Responsabilidad del remitente y revisión de la carga

Art. 7.1. El remitente responde de todos los gastos y perjuicios que sufra el transportista por causa de inexactitud e insuficiencia:

a) En las indicaciones mencionadas en el artículo 6, párrafos 1 b), d), e), f), g), h) y j).

b) En las indicaciones mencionadas en el artículo 6, párrafo 2.

c) En cualquier otra indicación o instrucción dadas por él en relación con la emisión de la carta de porte o para su inclusión en ésta.

Tienen cabida aquí todos los problemas, retrasos y costes que sean consecuencia de la inexactitud o insuficiencia en los datos que el remitente-expedidor incluya en la carta de porte CMR. Además, no se especifica limitación a dicha responsabilidad.

Algunos ejemplos pueden ser: paralizaciones y otros gastos en destino por inexactitud del lugar de entrega, lugar erróneo, mayor desplazamiento e incremento del precio del transporte, roturas o desperfectos en el semirremolque, etc.

Art. 8.1. En el momento de la toma en carga de la mercancía, el transportista está obligado a revisar:

a) La exactitud de los datos de la carta de porte relativos al número de bultos, de sus marcas y números.

b) El estado aparente de la mercancía y de su embalaje.

2. Si el transportista no tiene medios razonables para verificar la exactitud de los datos mencionados en el párrafo 1 a) de este mismo artículo, anotará en la carta de porte sus reservas, las cuales deberán ser motivadas. Asimismo, debe expresar los motivos de las reservas que haga respecto al estado aparente de la mercancía y de su embalaje. Estas reservas no comprometen al remitente si éste no las ha aceptado expresamente en la carta de porte.

---

[10] España ratificó en séptimo lugar dicho protocolo el 11 de mayo de 2011, por lo que entró en vigor en su ordenamiento jurídico el 9 de agosto de 2011. El estatus de ratificación del Protocolo de carta de porte electrónica se puede consultar en el sitio web de Unece, http://live.unece.org/trans/conventn/legalinst_27_OLIRT_e-CMR.html.

Este artículo refuerza la importancia y función de la carta de porte como prueba de la recepción de las mercancías por el porteador.

El transportista debe revisar las mercancías en cuanto a los aspectos que indica el artículo. Esta revisión se convierte en una garantía para él, pues mediante el contrato que se formaliza en la carta de porte queda obligado a entregar en destino las mercancías tal y como se describen en dicho documento.

Como consecuencia de la revisión, el transportista debe hacer constar las reservas relacionadas con el estado aparente de la mercancía y su embalaje. La casilla indicada para ello es la número 18 «Reservas y observaciones del porteador». Tendrían cabida anotaciones del tipo «embalaje defectuoso», «bultos mojados y sin identificar», «4 cajas con desperfectos», etc.

Si el porteador observa una anomalía durante el reconocimiento pero no la hace constar en la carta de porte en forma de reserva, el destinatario va a exigirle la entrega tal como se describe en la carta de porte CMR, presuponiéndose dicha anomalía responsabilidad del porteador.

En los transportes de mercancía a temperatura controlada, durante el servicio es habitual comprobar y registrar las temperaturas de las mercancías, normalmente preparadas para su transporte en palés, sobre todo cuando hay una diferencia significativa respecto a la temperatura indicada en la carta de porte CMR.

Es práctica común impedir, en aplicación de la normativa sobre riesgos laborales o por políticas de seguridad y control restringido, el acceso de los transportistas a los muelles de carga. En estos casos, el porteador debe indicarlo en la carta de porte. A veces, se utilizan precintos de seguridad como forma alternativa de atestiguar que la mercancía cargada en origen se entrega en destino sin manipulación del transportista.

Muchas empresas de transporte elaboran manuales para sus conductores con instrucciones precisas para cuando surgen problemas o se enfrentan a situaciones derivadas de la revisión de la carga (o su impedimento) y la formalización de la carta de porte CMR.

La IRU presenta en su sitio web (www.iru.org) una lista de comprobación con el fin de uniformar los aspectos que debe revisar el transportista y las deficiencias más comunes. Las relaciona con códigos numéricos (mercancía mojada, falta de bultos, etc.) para minimizar, aunque carece de valor legal, los problemas derivados de la diferencia de idiomas entre conductores y expedidores. De esta forma, indicando un código numérico en la carta de porte CMR se puede añadir el detalle de la observación en cualquier idioma.

Art. 10. El remitente es responsable ante el transportista de los daños a personas, al material o a otras mercancías, así como de los gastos causados por defectos en el embalaje de la mercancía, a menos que tales defectos fuesen manifiestos o conocidos por el transportista en el momento de la toma en carga de la mercancía y éste no hubiese hecho las oportunas reservas.

Se refiere aquí a los daños que la carga, por ejemplo por un mal embalaje y preparación para su transporte, causa a otras mercancías o al propio vehículo y que son responsabilidad del remitente.

> *Art. 11.1. Con objeto de cumplir las formalidades de aduana y de otras necesarias que haya que cumplir antes del momento de la entrega de la mercancía, el remitente deberá adjuntar a la carta de porte, o poner a disposición del transportista, los documentos necesarios y suministrarle todas las informaciones pertinentes.*

Queda clara la obligación del expedidor de entregar al porteador cualquier documento necesario para estos trámites. Los puntos 2 y 3 del artículo estipulan que el porteador no está obligado a examinar dichos documentos sino que sólo debe encargarse de su custodia y correcta presentación. Así pues, el remitente deberá asumir los perjuicios ocasionados por la inexactitud o invalidez de los mismos y el transportista los que se produzcan por su pérdida.

6   Derecho de disposición

> *Art. 12. 1. El remitente tiene derecho a disponer de la mercancía; particularmente, a solicitar al transportista que detenga el transporte, a modificar el lugar previsto para la entrega, o a hacer entregar la mercancía a un destinatario diferente del indicado en la carta de porte.*

Aunque la mercancía está en posesión temporal del transportista durante su transporte, sigue siendo propiedad del expedidor o del destinatario, por lo que éste puede disponer de ella según indica el artículo por distintas razones (cambio de almacén de destino, etc.).

El resto de apartados del artículo especifican los límites del derecho de disposición (presentar el ejemplar 1 con las nuevas instrucciones, ser asumibles por la empresa de transporte y no dividir el envío), el cual puede ejercerse sólo una vez. En todo caso, puede ejercerse desde el principio del transporte por el destinatario, si así se expresa en la carta de porte. Suelen aparecer indicaciones del tipo «A disposición del destinatario» insertas en la casilla 3 de la carta de porte CMR «Lugar de entrega de la mercancía».

7   Entrega en destino y obligación de pago del transporte

> *Art. 13. 1. Después de la llegada de la mercancía al lugar establecido para su entrega, el destinatario tiene derecho a pedir que el segundo ejemplar de la carta de porte le sea entregado, junto con la mercancía, todo contra recibo. Si se declara perdida la mercancía o si ésta no se entrega al término del plazo de que se habla en el artículo 19, el destinatario está autorizado a hacer valer, en nombre propio frente al transportista, los derechos que resulten del contrato de transporte.*

A la llegada a destino, el porteador entrega las mercancías al destinatario junto con el segundo y posteriores ejemplares de la carta de porte. El destinatario firma en dichos ejemplares (después de anotar, si procede, las reservas oportunas) y entrega el tercero y siguientes al porteador, pues éstos actúan como prueba de la entrega de la mercancía al destinatario.

8   Impedimentos al transporte y la entrega

> *Art. 14. 1. Si, por cualquier motivo, la ejecución del contrato es o deviene irrealizable en las condiciones previstas en la carta de porte antes de la llegada de la mercancía al lugar de entrega, el transportista solicitará instrucciones a la persona que tenga el derecho de disponer de ella conforme al artículo 12.*

Se trata aquí la posibilidad de que por cualquier circunstancia (problemas meteorológicos, corte de carreteras, etc.) no se pueda llevar a cabo el transporte. El porteador debe comunicar siempre la imposibilidad al remitente y, en caso de tener cedido el derecho de disposición, al destinatario.

> *Art. 15.1. Cuando después de la llegada de la mercancía al lugar de destino se presenten impedimentos para la entrega, el transportista pedirá instrucciones al remitente.*
> *2. Incluso en el caso de que el destinatario haya rehusado la mercancía, éste puede requerir, sin embargo, su entrega, siempre que el transportista no haya recibido instrucciones contrarias del remitente.*

Se contempla aquí la existencia de problemas y negociaciones de la compraventa respecto a la calidad de la mercancía, rebajas de precio que afectan al transportista porque no se le permite descargar, pero que finalmente se solucionan.

> *Art. 16. 2. En los casos señalados en los artículos 14, párrafo 1, y 15 (transporte irrealizable o impedimentos en la entrega), el transportista puede descargar inmediatamente la mercancía por cuenta del derechohabiente sobre la misma; después de esta descarga, el transporte se considerará terminado. Asumirá entonces la custodia de la mercancía por cuenta del derechohabiente sobre la misma. Si en cambio la confía a un tercero, entonces no es responsable más que de la elección juiciosa de dicho tercero. Las mercancías quedan afectadas a los créditos resultantes de la carta de porte y a todos los demás gastos.*

Estas posibilidades que ofrece el Convenio CMR al porteador son las vías para solucionar una situación irregular y que mantiene «atrapado» al porteador.

9 Responsabilidad del transportista

9.1 *Responsabilidad por pérdida, avería o demora*

> *Art. 17. 1. El transportista es responsable de la pérdida total o parcial y de las averías que se produzcan entre el momento de la toma en carga de la mercancía y el de su entrega, así como del retraso en su entrega.*

La forma en que cualquier norma o convenio aplicable a un contrato de transporte determina el régimen de responsabilidad del porteador es uno de los aspectos principales del contrato de transporte. Debe tenerse presente que el transportista asume mediante este contrato una obligación de resultado, es decir, se compromete a entregar en destino la mercancía en las mismas condiciones en que la recibió en origen. Así, cualquier situación que no acabe con dicha entrega en esas condiciones presupone una responsabilidad por parte del porteador (en el apartado siguiente se analizan las causas de exoneración de responsabilidad del porteador).

Los tres supuestos de responsabilidad son la pérdida (total o parcial), la avería y el retraso en la entrega.

La pérdida total supone que no se entrega nada en destino. La pérdida parcial se produce cuando se entrega sólo una parte de ellos. La avería supone que, por una acción atribuible al porteador, la mercancía se daña y pierde el valor que tenía en origen. Esta pérdida puede suponer, por ejemplo, el coste de la reparación por unos daños externos o la diferencia de valor debida a un daño que le resta categoría comercial.

Finalmente, el retraso implica entregar la mercancía en destino fuera del plazo acordado en el contrato de transporte.

> *Art. 19. Hay retraso en la entrega cuando la mercancía no ha sido entregada en el plazo convenido o, si no hay plazo convenido, cuando la duración efectiva del transporte sobrepase el tiempo que razonablemente se permite a un transportista diligente, teniendo en cuenta las circunstancias, y especialmente, en el caso de carga parcial, el tiempo necesario para reunir una carga completa en condiciones normales.*

En los casos en que la entrega en destino o el plazo de transporte quiera pactarse de antemano, el remitente debe especificarlo en la carta de porte CMR. Es conveniente especificarlo también, si se ha formalizado, en la orden de carga.

Téngase en cuenta que la «diligencia de un transportista» puede ser un baremo muy subjetivo para según qué parte argumente o justifique un retraso y las circunstancias de la operación (distancia, lugares de origen y destino, etc.).

> *Art. 20. 1. Quien tiene el poder de disposición sobre la mercancía puede, sin necesidad de prueba, considerarla perdida cuando hayan transcurrido treinta días sin efectuarse la entrega después del plazo convenido o, si no se ha convenido plazo, a los sesenta días después de que el transportista se hizo cargo de la mercancía.*

Estos plazos se estipulan para que el retraso no se prolongue indefinidamente y para que, una vez transcurridos, se considere la mercancía perdida y se ponga fin a la espera, considerándose perdida a efectos de su posible reclamación.

9.2 Causas de exoneración de responsabilidad del transportista

> *Art. 17.2. El transportista está exonerado de esta responsabilidad si la pérdida, avería o retraso ha sido ocasionado por culpa del derechohabiente sobre la mercancía, por una instrucción de éste no derivada de una acción culposa del transportista, por vicio propio de la mercancía o por circunstancias que el transportista no pudo evitar y cuyas consecuencias no pudo impedir.*

En todas estas situaciones, el transportista queda liberado de responsabilidad si prueba que han ocurrido las mismas y que además éstas han sido la causa que ha provocado la pérdida, avería y demora. En el siguiente artículo 17.4 se relacionan otra serie de causas de exoneración de responsabilidad en las que al transportista se le presupone liberado de culpa sólo probando que se produjeron, y quien reclama contra el porteador es el que debe probar que dicha circunstancia no ha tenido las consecuencias por las que se reclama (romper el vínculo causa-efecto).

Como ejemplos de culpabilidad o responsabilidad del remitente podemos citar los defectos en el embalaje, en la carga de la mercancía, orden inadecuada sobre la temperatura, etc. «Vicio propio» es una característica propia de esa mercancía que la expone a un peligro: que tenga una infección, combustión espontánea, etc. «Circunstancias que no pudo evitar» se refieren a «fuerza mayor», es decir, catástrofes naturales (rayo, inundación, terremoto, heladas, etc.), guerra, incendio, accidente nuclear, bloqueo de frontera, etc. y, en algunas ocasiones, robo. Se considera fuerza mayor cuando es inevitable y el transportista trata de menguar sus consecuencias.

> *3. El transportista no puede aducir, para exonerarse de responsabilidad, ni defectos en los vehículos de que se sirve para realizar el transporte ni culpa de las personas a las que haya alquilado el vehículo o empleados de éstas.*

Es responsabilidad del porteador disponer de unos medios de transporte en perfecto estado para desarrollar sus operaciones y nunca puede argumentar un fallo técnico o defecto de los mismos para liberarse de su responsabilidad.

Por ejemplo, un transportista internacional frigorífico no puede argumentar para liberarse de responsabilidad por daños a la mercancía por temperatura inadecuada durante el transporte según las condiciones del contrato una rotura del equipo de frío.

> *4. Causas de exoneración de responsabilidad.*

Las causas de exoneración que se relacionan a continuación son «privilegiadas» para el porteador en el sentido de que éste sólo debe probar su existencia y se presupone que son la causa que ha tenido como efecto la pérdida, avería o demora. En este caso, recae sobre quien reclama probar que no existe esa relación causa-efecto para responsabilizar al porteador.

> *a) Empleo de vehículos abiertos y sin toldo, cuando tal empleo ha sido expresamente pactado en la carta.*

No se acepta esta causa para eximirse de responsabilidad ante falta anormal o pérdidas de paquetes o bultos.

---

b) Ausencia o deficiencia en el embalaje de las mercancías expuestas por su naturaleza a deterioros o averías, cuando estuvieran mal embaladas o sin embalar.

El porteador debe haber anotado una reserva sobre dicha situación en la carta de porte en el momento de la inspección de la mercancía efectuada en origen.

---

c) Manipulación, carga o descarga de la mercancía y operaciones complementarias realizadas por el remitente o el destinatario o personas que obren por cuenta de uno y otro.

Resulta lógico dado que es el remitente o el destinatario el que ha efectuado las operaciones que han causado la pérdida, avería o demora.

---

d) Naturaleza de determinadas mercancías expuestas por causas inherentes a esta misma naturaleza, a pérdida total o parcial o averías debidas a rupturas, moho, deterioro interno o espontáneo, desecación, derrames, pérdida normal o acción de las plagas o roedores.

No se puede alegar, en el caso de usar vehículos especialmente acondicionados para el transporte de mercancías perecederas, defectos en los vehículos o sus equipos de mantenimiento de frío (artículo 17.3 del Convenio CMR).

La diferencia entre el «vicio propio» y la «naturaleza de la mercancía» estriba en que el primero no está en la naturaleza de las mercancías y, por tanto, no se presenta en mercancías iguales; es una característica excepcional y se produciría aunque no se transportase (mercancía con un derrame, contaminación por líquido, etc.). Por el contrario, la «naturaleza de la mercancía» se refiere a una característica propia de esa mercancía y de todas las de su clase, por ejemplo, la tendencia a la podredumbre de las mercancías perecederas.

---

e) Insuficiencia o imperfección de las marcas o números de los paquetes.

Como que dicha identificación por marcas o números la realiza y es responsabilidad del expedidor, si resulta insuficiente y tiene como consecuencia, por ejemplo, la entrega errónea en destino, se podría alegar para liberar al transportista de responsabilidad.

> *f) Transporte de animales vivos.*

El transportista debe probar que ha tomado todas las medidas que le incumben por normativa y que ha seguido las instrucciones especiales que le hayan sido dadas.

> *Art. 18. 1. La prueba de que la pérdida, avería o mora ha tenido por causa uno de los hechos previstos en el artículo 17, párrafo 2, incumbe al transportista.*
> *2. Cuando el transportista prueba su exoneración por las causas del artículo 17.4, el remitente o destinatario podrán interponer pruebas en contra.*

El transportista debe probar los hechos del apartado 17.2 y la relación de causa-efecto con el daño; por el contrario, respecto a las causas de exoneración del apartado 17.4, sólo debe probar que se produjeron las circunstancias detalladas en él. En este segundo caso, el Convenio CMR les presupone causantes del daño, lo que el interesado debe refutar en lo contrario.

Las pruebas que aporten porteador y cargador para achacar o liberarse de responsabilidad y que se presentarán en un juicio o procedimiento arbitral pueden ser de cualquier tipo: documentales, fotos, vídeos, testigos, peritaciones, etc.

9.3 Cálculo de la indemnización y límites de responsabilidad del porteador por pérdida, avería o retraso. Derecho especial de giro

9.3.1 Pérdida o avería

> *Art. 23. 1. Cuando, en virtud de las disposiciones de este convenio, el transportista se haga cargo de una indemnización por pérdida parcial o total de la mercancía, la indemnización será calculada de acuerdo con el valor que ésta tenía en el tiempo y lugar en que el transportista se hizo cargo de ella.*
> *2. El valor de la mercancía se determinará de acuerdo con su cotización en bolsa o, en su defecto, de acuerdo con el precio corriente en el mercado, y en defecto de ambos, de acuerdo con el valor corriente de mercancías de su misma naturaleza y cualidad.*

Los apartados de este artículo configuran el criterio para determinar la cuantía de la indemnización por pérdida o avería. El criterio es el valor de la mercancía en origen, cuando el transportista se hizo cargo de ella, ya que no se pagará tampoco el servicio de transporte porque no se efectuó.

La factura que presente la parte que reclame la indemnización debe, pues, estar valorada en origen, es decir, no incluir el precio del transporte, lo que sería causa de enriquecimiento injusto para el que reclama.

> *3. En todo caso, la indemnización no podrá exceder de las 8,33 unidades de cuenta por kilogramo de peso bruto que falte.*

Esta cuantía supone el límite de responsabilidad del porteador y configura otro de los aspectos clave de cualquier normativa o convenio que regula un contrato de transporte de mercancías, tenga ámbito nacional o internacional y se refiera a un medio de transporte u otro.

La unidad de cuenta a que se refiere el artículo es el derecho especial de giro (DEG), instrumento que se introdujo para calcular los límites de indemnización del porteador en el contrato CMR en virtud del Protocolo de Ginebra de 1978.

Se debe entender como un tope máximo que ofrece seguridad jurídica al transportista, orienta sobre cómo cubrir su responsabilidad mediante un seguro y equilibra los derechos y las obligaciones de las partes. A un porteador no se le puede exigir una cantidad sin límite por la pérdida de una mercancía de cuyo elevado valor no tenía constancia.

Este tope máximo tiene una importancia capital, ya que excepto que exista declaración de valor, ninguna reclamación de indemnización debe superarlo.

El límite de responsabilidad del porteador es diferente según el ámbito y el medio de transporte que se especifiquen en el contrato. En el transporte nacional por carretera en España, el límite de responsabilidad se ha fijado por la Ley 15/2009 en un tercio del IPREM/día por kilogramo bruto de mercancía faltante (equivalente para 2011 en 5,91 € basándose en que el IPREM/día para 2011 se sitúa en 17,75 €).

9.3.2 Derecho especial de giro

Es la unidad de cuenta del Fondo Monetario Internacional, una cesta de monedas que incluye en la actualidad el euro, el dólar estadounidense, el yen japonés y la libra esterlina.

Se puede seguir su evolución y cotización en el sitio web del Fondo Monetario Internacional.[11]

---

[11] En el sitio web del FMI se puede consultar la cotización diaria del DEG frente al euro: http://www.imf.org/external/np/fin/rates/param_rms_mth.cfm.

A fecha 15 de enero de 2011 la cotización del DEG frente al euro se sitúa en 1,159840 € (la cotización más estable se acerca a 1,10 €). Por tanto, por cada kilogramo bruto de mercancía perdida la indemnización máxima será de 9,66 € (8,33 DEG × 1,15984 €).

El tipo de cambio se ha situado de forma estable en unos 10 € por kilogramo bruto de mercancía faltante, equivalencia que vamos a aplicar para plantear y resolver dos casos prácticos en los que calculamos una indemnización por pérdida.

Casos prácticos de cálculo de la indemnización por pérdida

En los siguientes casos prácticos, se determina la indemnización pertinente y se compara con el límite de responsabilidad del porteador estipulado en el CMR.

Caso práctico 1

Un transporte de 11.790 kg se pierde en su totalidad a causa de una incidencia de la que resulta responsable el porteador.

Según la factura comercial la mercancía tiene un valor en origen de 64.322 €.

Se debe comparar este valor con el límite máximo de responsabilidad del porteador según el Convenio CMR, y sería operativo el menor valor de ambos.

- Valor de la mercancía perdida: 64.322 €.
- Límite máximo: 117.900 € (11.790 kg × 10 €).
- Indemnización exigible: 64.322 €.

Por tanto, la indemnización que se ha de reclamar al porteador asciende a 64.322 €.

Caso práctico 2

Supongamos ahora los mismos datos del caso anterior excepto que el valor de la mercancía en origen asciende a 135.689 €.

Se opera de la misma manera, comparando el valor de la mercancía en origen con el límite máximo de responsabilidad del porteador según el convenio CMR:

- Valor de la mercancía perdida: 135.689 €.
- Límite máximo: 117.900 € (11.790 kg × 10 €).
- Indemnización exigible: 117.900 €.

Así pues, la indemnización por la que responde el porteador asciende a 117.900 €. El límite actúa como un tope en cuanto a la indemnización exigible.

> *4. Serán, además, reembolsados el precio del transporte, los derechos de la aduana y demás gastos incurridos con ocasión del transporte de la mercancía, en su totalidad en caso de pérdida total y a prorrata en caso de pérdida parcial; no así los daños y perjuicios.*

Este apartado termina de cuantificar la indemnización exigible al porteador. Por un lado, se basa en el valor de la mercancía en origen, pero entendemos que se completa con el reembolso (aunque en la práctica muchas veces no se habrá pagado) del precio del transporte y servicios conexos.

> *Art. 25.1. En caso de avería (daños en la mercancía, desperfectos), el transportista pagará en total la suma de la depreciación, calculada de acuerdo con el valor de la mercancía (artículo 23, párrafos 1, 2 y 4).*
> *2. En todo caso, la indemnización no podrá sobrepasar:*
> > *a) Si el conjunto total de lo expedido se deprecia por causa de avería, la suma que correspondiera en caso de pérdida total.*
> > *b) Si se deprecia sólo una parte de lo expedido por avería, la cantidad que correspondiera en caso de pérdida de la parte depreciada.*

Así pues, en el caso de avería, es decir, de circunstancia ocurrida durante el transporte que produce una pérdida de valor de la mercancía entre el origen y el destino, la valoración de dicha depreciación es la forma de cuantificar la indemnización exigible al porteador. Esta indemnización no podrá superar el límite visto para los casos de pérdida, por tanto, se le aplicará el límite de responsabilidad del porteador de 8,33 DEG por kilogramo bruto de mercancía dañada.

En los casos de avería se pueden incluir situaciones como un desperfecto que provoca una rotura que se puede reparar, o daños en una parte del envío, circunstancias que hacen destinar la mercancía a un canal secundario de comercialización en el que se deprecian, etc.

9.3.3 Retraso en la entrega

> *5. En caso de mora (retraso), si quien tiene derecho sobre la mercancía prueba que resultó un perjuicio por la misma, el transportista quedará obligado a indemnizarlo. La suma nunca excederá del precio del transporte.*

Uno de los principales problemas a los que se enfrentan los cargadores son las entregas fuera de plazo. Obviamente, el transportista trata de evitarlo pero los retrasos se producen por múltiples circunstancias.

Casos prácticos de cálculo de la indemnización por avería

En los siguientes casos prácticos se determina la indemnización y se compara con el límite de responsabilidad del porteador estipulado en el Convenio CMR.

Caso práctico 1

Durante el transporte de unos productos informáticos con un peso bruto de 7.568 kg se han producido unos daños a los bultos. Estos daños obligan a su reparación en destino, operación que consiste en sustituir determinados componentes averiados en el transporte por una defectuosa manipulación del porteador.

El coste de la reparación y la sustitución de los componentes asciende a 3.568 €. Según la factura comercial, la mercancía tiene un valor en origen de 197.564 €.

Se debe comparar, para el caso de avería, el valor o coste de la reparación (que equivale a la depreciación) con el límite máximo de responsabilidad del porteador según el Convenio CMR, y sería operativo el menor valor de ambos:

- Valor/coste de la reparación: 3.568 €.
- Límite máximo: 75.680 € (7.568 kg × 10 €).
- Indemnización exigible: 3.568 €.

Por tanto, la indemnización que hay que reclamar al porteador asciende a 3.568 €.

Caso práctico 2

Supongamos ahora los mismos datos del caso anterior excepto que el coste de la reparación de los productos informáticos averiados asciende a 84.569 €.

Se opera de la misma manera, comparando el coste de la reparación (pérdida de valor o depreciación causada por la avería) con el límite máximo de responsabilidad del porteador según el Convenio CMR:

- Valor/coste de la reparación: 84.569 €.
- Límite máximo: 75.680 € (7.568 kg × 10 €).
- Indemnización exigible: 75.680 €.

Por tanto, la indemnización por la que responde el porteador asciende a 75.680 €. El límite actúa como un tope en cuanto a la indemnización exigible.

Casos prácticos de cálculo de la indemnización por retraso

Caso práctico 1

El transporte de un bulto con un recambio para una maquinaria se entrega 25 días después del plazo acordado por causa que se achaca al transportista. El cargador, una empresa dedicada al suministro de piezas de recambio para máquinas con garantía de funcionamiento, ha garantizado a sus clientes la entrega de los recambios en un plazo de tres días o una rebaja en el precio del recambio del 25 % si se supera dicho plazo.

Al contratar el transporte del suministro se pacta expresamente plazo de transporte de 48 horas que finalmente no se cumple.

El cargador reclama una indemnización de 347 € (25 % del precio del recambio), pues prueba mediante la factura, reclamación y documentación comercial de su cliente que ése ha sido el perjuicio ocasionado por el retraso en la entrega.

El precio del transporte para el recambio ascendió a 178,6 €.

Se debe operar igual que con los casos de indemnización por pérdida, comparando el límite máximo (precio del transporte contratado) con la valoración del perjuicio. Así pues:

– Valoración del perjuicio económico causado por el retraso: 347 €.
– Límite máximo (precio del transporte): 178,6 €.
– Indemnización exigible: 178,6 €.

Por tanto, la indemnización por la que responde la empresa de transporte es de 178,6 €.

Caso práctico 2

El precio del transporte de una escultura para una exposición asciende a 937 €. Por causa achacable al porteador, esta pieza se entrega en destino 17 días después del plazo pactado expresamente.

Dicho retraso impide que la estatua se presente en una exposición, circunstancia por la que el cargador dueño de la pieza está en disposición de probar que va a sufrir un perjuicio económico de 832 €.

Comparando el perjuicio y el límite establecido tenemos que:

– Valoración del perjuicio económico ocasionado por el retraso: 832 €.
– Límite máximo (precio del transporte): 937 €.
– Indemnización exigible: 832 €.

Por tanto, la indemnización por la que responde el porteador asciende a 832 € (pues no supera el límite máximo estipulado en el precio del transporte).

Como hemos comentado, para certificar que se ha producido un retraso lo mejor es que se haya pactado y reflejado en la carta de porte un plazo de entrega y que se haga constar en la misma su incumplimiento mediante la fecha y hora de entrega en destino.

De esta manera se conseguiría, en un primer momento, probar la existencia de retraso. Recuérdese que si no se estipula expresamente un plazo de entrega se atendería al de un transportista «diligente».

En segundo lugar, el hecho de que se produzca un retraso no significa necesariamente que el cargador pueda exigir una indemnización al porteador, sino que quien la reclama debe probar que dicho retraso ha provocado un perjuicio (paralización de un proceso productivo, penalización en el precio por un incumplimiento de un contrato de suministro, etc.).

En tercer lugar, el límite de responsabilidad del porteador en caso de retraso no depende del peso bruto sino que viene determinado por el precio del transporte que actúa de techo.

9.4   *Declaraciones de valor y de interés especial en la entrega*

Art. 23. 1. 6. Indemnizaciones de sumas superiores no podrán ser reclamadas a menos que exista declaración de valor de la mercancía o declaración de interés especial en la entrega, conforme a los artículos 24 y 26.

Con los artículos citados se abre la posibilidad de, mediante acuerdo entre las partes, aumentar los límites de responsabilidad determinados por el Convenio CMR.

Art. 24. El remitente puede declarar en la carta de porte, contra el pago de una sobreprima que se convendrá entre las partes, un valor de la mercancía superior al límite establecido en el artículo 23, párrafo 3 (8,33 DEG/kg bruto faltante), y en este caso esta suma sustituirá aquel límite.

Este artículo permite pactar un límite mayor al estipulado en el artículo 23.3. Esta opción tendrá sentido en la medida en que se aplique a operaciones de transporte cuyo valor supera el límite de 8,33 DEG/kg (aproximadamente 10 €/kg).

Mediante acuerdo entre las partes se puede declarar el valor de las mercancías en la carta de porte; valor que sustituye al límite general de 8,33 DEG.

Si en un transporte con un peso bruto de 5.678 kg se declara un valor de la mercancía de 89.678 €, en caso de que ocurra un siniestro que conlleve la pérdida de la misma el límite de la indemnización que reclamar al porteador no serían 56.780 € (5.678 kg × 10 €) sino la cantidad declarada, 89.678 €.

Esta declaración de valor puede ser complementaria e independiente a la contratación de un seguro. En todo caso, si un transportista observa en la carta de porte una declaración de valor debe ser consciente de que firmarla implica aumentar su límite de responsabilidad, y si este límite supera la cobertura de su póliza de seguro le interesa cubrir la situación con su aseguradora.

En cuanto a la sobreprima no se estipula que tenga que estar en relación numérica o proporcional con la cuantía declarada.

Con respecto a la correcta formalización de la declaración de valor, es aconsejable especificarlo en la orden de carga previa, y en la carta de porte usar una expresión que no ofrezca dudas sobre su significado, por ejemplo: «En relación con el artículo 24 del Convenio CMR, la mercancía queda valorada a efectos del transporte en ..... €».

El lugar apropiado puede ser la casilla 19 de la carta de porte CMR («Estipulaciones particulares»).

> *Art. 26. 1. El remitente puede fijar, incluyéndolo en la carta de porte, previo pago de una sobreprima a convenir, como suplemento del precio de transporte, la suma de un interés especial en la entrega de la mercancía, para sus efectos oportunos, en caso de pérdida, avería o demora en la entrega después del plazo convenido.*

Esta declaración tiene como objetivo cubrir los perjuicios derivados del «lucro cesante», por ejemplo la paralización de un proceso productivo o la pérdida de un cliente o mercado, producidos por la pérdida, avería o retraso. Se puede formalizar en la casilla 19 de la carta de porte CMR.

Ejemplo: «El cargador declara un interés especial en la entrega de 189.000 € para los casos de pérdida, avería o retraso, conforme al artículo 26.1 del Convenio CMR».

Este recurso de declarar un interés especial en la entrega trata de cubrir situaciones en las que la no entrega en destino se prevea que va a suponer un perjuicio económico que se puede establecer en el contrato como responsabilidad del porteador. Esta declaración debe ser siempre acordada entre cargador y porteador.

> *2. ...el remitente podrá reclamar una indemnización igual al daño suplementario, del cual aportará prueba sin perjuicio de las indemnizaciones que le corresponden según los artículos 23, 24 y 25, y en concurrencia con la suma por interés especial declarado.*

En caso de que se pierda, dañe o entregue con retraso la mercancía, la declaración de interés especial en la entrega permite al cargador reclamar al porteador hasta la cuantía total como compensación por el daño producido y probado. Esta indemnización es independiente y adicional a la que corresponde por la pérdida, avería o demora.

9.5 *Actualización de la indemnización, responsabilidad extracontractual y pérdida del beneficio de la limitación de responsabilidad del porteador por dolo*

Art. 27. 1. El que tiene derecho de disposición sobre la mercancía podrá reclamar los intereses de la indemnización. Estos intereses se calcularán a razón del 5 % anual a partir del día de la reclamación dirigida por escrito al transportista o del día en que se interpuso demanda judicial en defecto de la reclamación.

El Convenio CMR estipula esta cláusula de actualización para que la indemnización no pierda valor aunque pase el tiempo desde su reclamación hasta que se obtenga por sentencia firma o laudo arbitral.

Art. 28. 1. Responsabilidad extracontractual. Los límites de responsabilidad del transportista que fija el Convenio CMR se aplican también a las reclamaciones fuera del contrato de transporte.

Por ejemplo, si el transportista está haciendo la operación de carga y daña mercancías de un tercero, si se incendiara el vehículo del transportista en el almacén del expedidor y daña las instalaciones, etc.

Art. 29. 1. El transportista no tendrá derecho a prevalerse de las disposiciones de este capítulo que excluyan o limiten su responsabilidad, o que inviertan la carga de la prueba, si el daño ha sido causado por dolo o por culpa que sea equiparada al dolo por la ley de la jurisdicción a que se refiera.
2. Esto mismo se aplicará al dolo o culpa de los empleados del transportista o de cualesquiera otras personas a las que el transportista haya recurrido para llevar a cabo el transporte, siempre que éstos actúen en el desempeño de sus funciones.

Por dolo se entiende, en los actos jurídicos, la «voluntad maliciosa de engañar a alguien o de incumplir una obligación contraída». Supone, por tanto, una voluntad concreta de dañar a la otra parte.

Si existe y se prueba esa mala fe, el porteador pierde el beneficio que supone la limitación de la indemnización exigible (8,33 DEG o el precio del transporte), según se trate de pérdida de mercancía, avería o retraso. También pierde la inversión de la carga de la prueba en los casos descritos en el artículo 17.4.

Lo anterior es un aspecto muy importante. Es habitual que, en los procesos judiciales, se argumente el dolo ante robo o daño a la mercancía. Si esto se puede probar, el límite de responsabilidad no es aplicable y la indemnización puede ser mucho mayor, lo que sitúa al transportista en una situación difícil, no cubierta en ocasiones ni por su propio seguro.

10   Reclamaciones y acciones

10.1   *Plazos y forma de reclamación*

Art. 30.1. Si el destinatario recibe la mercancía sin verificar contradictoriamente (con el transportista) su estado y manifestar su protesta, o si en el mismo momento de la entrega en caso de pérdidas o averías manifiestas, o dentro de los siete días desde la fecha de la entrega en caso de averías o pérdidas no manifiestas, descontando domingos y festivos, no expresa sus reservas al transportista indicando la naturaleza general de la pérdida o avería, se presumirá, salvo prueba en contrario, que ha recibido la mercancía en el estado descrito en la carta de porte. Las reservas deberán ponerse por escrito si se trata de averías o pérdidas no manifiestas.

En principio, la entrega en destino de las mercancías sin que el destinatario haga constar ninguna reserva en la carta de porte y firme la recogida en la casilla 24 presupone que la mercancía se entregó correctamente. Si no es así, debe formular reserva en la carta de porte antes de firmarla.

Estas dos situaciones se dan tras verificar la mercancía cuando ésta es recibida por el destinatario. La traducción española del Convenio CMR omite la expresión «con el transportista» del original y que permite entender que el convenio exige que la verificación o comprobación de la mercancía ha de ser bilateral, es decir, el examen de la misma lo realizarán ambas partes; y en caso de que se nombren peritos, cada parte enviará el suyo.

Manifiestas y no manifiestas equivalen a «aparentes» y «ocultas», es decir, daños perceptibles desde el exterior y las que sólo se pueden percibir una vez desprovista de embalajes, envases y otros elementos. Las reservas son la manifestación unilateral del destinatario que rompe la presunción de que la entrega fue correcta; se aconseja escribirlas de forma explícita para entender todo su alcance.

Son distintas de las reclamaciones, que se formulan posteriormente y que sí valoran el daño y solicitan su resarcimiento. La reserva ha de consistir en una descripción de la falta o avería no muy detallada, pero lo suficiente para concretar el tipo de falta o avería. Expresiones como «a reserva de desembalar», «a reserva de controlar calidad y cantidad» y semejantes no son válidas legalmente si no se acompañan dentro del plazo de siete días de una reserva formal y concreta.

Las reservas se pueden expresar en la carta de porte (lo más normal) o en otro documento o comunicación: carta certificada, telegrama, fax con constancia de recepción, etc.

> *2. Cuando el estado de la mercancía ha sido verificado contradictoriamente por el destinatario y el transportista, la prueba contraria al resultado de esta verificación no podrá ser realizada más que si se trata de pérdidas o averías no claras y siempre que el destinatario haya dirigido reservas escritas al transportista en el plazo de siete días, descontados domingos y festivos, a partir de esta constatación.*

Se verificó la mercancía en la descarga pero no se hizo ninguna reserva y, posteriormente, se presentan reservas sobre el estado de la misma. Indica las características de dichas reservas, que en primer lugar deben referirse a pérdidas o averías no aparentes («claras») y formularse dentro de un plazo de siete días desde que se descubrieron.

> *3. Un retraso en la entrega no dará lugar a indemnización más que en el caso de que se haya dirigido reserva por escrito en el plazo de 21 días a partir de la puesta de la mercancía a disposición del destinatario.*

El plazo para formalizar y dirigir la reserva que persigue una indemnización por perjuicio consecuencia de un retraso es de 21 días desde la entrega. Este plazo triplica al anterior ya que se necesita más tiempo para conocer si el retraso ha provocado algún perjuicio económico. Éste puede depender de un daño a un proceso productivo, una reclamación de un cliente (que se puede producir o no), etc. Estas circunstancias pueden no ser conocidas por el destinatario hasta unos días más tarde.

> *4. La fecha de entrega o, según el caso, la de la contestación a la de la puesta a disposición, no está incluida en los plazos previstos en este artículo.*

10.2 Prescripción de las acciones

> *Art. 32. 1. Las acciones a las que pueda dar lugar el transporte regulado por este convenio prescriben al año (plazo para interponer reclamación formal ante JAT o juzgado). Sin embargo, en el caso de dolo o de falta equivalente a dolo, según la ley de la jurisdicción escogida, la prescripción es de tres años.*
>
> *La prescripción corre:*
>
> *a) En el caso de pérdida parcial, avería o mora a partir del día en que se entregó la mercancía.*
>
> *b) En el caso de pérdida total, a partir de treinta días después de la expiración del plazo convenido, o, si no existe éste, a partir de sesenta días desde que el transportista se hizo cargo de la mercancía.*
>
> *c) En todos los demás casos, a partir de la expiración de un plazo de tres meses a partir de la conclusión del contrato de transporte. El día indicado en este párrafo como punto de partida de la prescripción no está comprendido en el plazo.*

Con «las acciones» se refiere a la reclamación entre las partes y ante un juzgado o junta arbitral de transporte.

La prescripción es la extinción de un derecho como consecuencia de su falta de ejercicio durante el tiempo establecido por la ley. Es el tiempo de que se dispone para ejercitar un derecho. Ofrece seguridad jurídica en la medida en que las empresas o los particulares no están indefinidamente expuestos a reclamaciones o denuncias por sus actuaciones.

Si una parte reclamada considera que la acción por la que se le reclama ha prescrito deberá probar tal situación. El plazo de prescripción de un año se cuenta o inicia su cómputo desde distintos momentos que se detallan en el propio artículo. Si se prueba la existencia de dolo, el plazo de prescripción se triplica (tres años), comenzándose a contar desde los mismos momentos.

10.3 Jurisdicción. Competencia a tribunal o junta arbitral de transporte

> *Art. 31. 1. Para todos los litigios a que pueda dar lugar el transporte regulado por este convenio, el demandante podrá escoger, fuera de las jurisdicciones de los países contratantes designadas de común acuerdo por las partes del contrato, las jurisdicciones del país en el territorio del cual:*

> *a) El demandado tiene su residencia habitual, su domicilio principal o sucursal de agencia por intermedio de la cual ha sido concluido el contrato de transporte; o*
> *b) Está situado el lugar en que el transportista se hizo cargo de la mercancía o el designado para su entrega, no pudiendo escogerse más que estas jurisdicciones.*

Por tanto, cabe en primer lugar un acuerdo entre las partes de sometimiento a fuero, por ejemplo tribunales de Valencia. Si no existe ese acuerdo expreso, el cargador o porteador que reclame puede acudir a los tribunales del domicilio del demandado o los del lugar de origen o destino del transporte.

Ejemplos de cláusulas de sometimiento expreso a jurisdicción son:

- «Las partes intervinientes en este contrato, con renuncia de su propio fuero, y para la resolución de cuantas cuestiones o controversias pudieran derivarse de este contrato, se someten expresamente a los tribunales de Barcelona (España)».
- «Para cualquier litigio que pudiera derivarse de este transporte, las partes se someterán a los tribunales de Madrid (España)».

> *Art. 33 El contrato de transporte puede contener una cláusula que atribuya competencia a un tribunal arbitral, a condición de que prevea que dicho tribunal arbitral aplicará el presente convenio.*

El arbitraje consiste en el acuerdo entre las partes para que un árbitro dirima y resuelva una controversia, en este caso de tipo mercantil, referida al incumplimiento del contrato de transporte internacional de mercancías por carretera.

De hecho, es muy habitual que los formularios de carta de porte CMR que presentan los transportistas lleven insertos una cláusula de sometimiento expreso por las partes a una junta arbitral de transporte. Siendo así, ésta es la única vía para iniciar el proceso de reclamación formal en busca de una indemnización reclamada y no obtenida.

10.4 *Juntas arbitrales de transporte*

Analizamos en este apartado la vía alternativa a los tribunales para resolver controversias derivadas del incumplimiento del contrato de transporte internacional de mercancías.

10.4.1 *Regulación, funciones y competencia*

El arbitraje en España tiene como marco regulador la Ley 60/2003 de Arbitraje de 23 de diciembre (BOE de 26 de diciembre), en adelante LAR.

Las juntas arbitrales de transporte (JAT), como manifestación del arbitraje administrativo en materia de transporte, tienen encomendadas mediante los artículos 37 y 38 de la LOTT y 6 a 12 del ROTT la resolución de las reclamaciones mercantiles derivadas del incumplimiento de los contratos de transporte terrestre (carretera y ferrocarril) nacionales e internacionales, de mercancías y de pasajeros. Se aligera con ello la carga de trabajo de los tribunales respecto a pleitos relacionados con los contratos de transporte.

El servicio prestado por las JAT se caracteriza por su gratuidad, rapidez y no requerir (a veces es conveniente) la intervención de abogado ni procurador.

El artículo 6 del ROTT detalla las funciones de las JAT, de entre las que destaca la resolución de las controversias mercantiles de los contratos de transporte terrestre.

La JAT competente para actuar será la designada por las partes en el contrato (artículo 33 del Convenio CMR) y, ante falta de pacto expreso, se podrá solicitar la actuación de la JAT del lugar de origen del transporte, del de destino y la del lugar desde el que se ofertó el transporte, entendido como la dirección del transportista.

En cada comunidad autónoma española y, en su caso, provincia se ha creado una JAT a disposición de los usuarios de transporte.

La normativa estipula un límite cuantitativo para que la JAT sea competente. En concreto, cuando la reclamación no alcanza los 6.000 €, las JAT son las únicas competentes para resolver el conflicto excepto que las partes hayan manifestado su renuncia expresa. Si la reclamación supera los 6.000 €, se requiere el sometimiento expresado en la carta de porte CMR.

El lugar idóneo para hacer constar este sometimiento es la casilla 19 «Estipulaciones particulares». De hecho, muchos transportistas encargan sus talonarios de carta de porte CMR con leyendas como las siguientes:

- «Las partes intervinientes en este contrato, con renuncia de su propio fuero, y para la resolución de cuantas cuestiones o controversias pudieran derivarse de este contrato, se someten expresamente a la competencia de la Junta Arbitral de Transporte de la provincia de .... (España)».
- «Las partes intervinientes en este contrato, con renuncia de su propio fuero, y para la resolución de cuantas cuestiones o controversias pudieran derivarse de este contrato, se someten expresamente a la competencia de la Junta Arbitral de Transporte de la provincia de .... (España), incluso para cantidades superiores a 6.000 €».

Estas cláusulas, como condiciones acordadas en el contrato de transporte, tienen una importancia capital cuando se producen reclamaciones entre cargador y porteador, pues determinan el procedimiento y la JAT competente. Por tanto, es recomendable que cargadores y transportistas revisen las cláusulas que puedan contener los formularios que se ofrezcan para formalizar el contrato de transporte y pactar la jurisdicción que más les interese (JAT o tribunales, JAT concreta, tribunales de determinada ciudad, etc.). Las JAT se componen de presidente, secretario y vocales representantes de cargadores y porteadores.

10.4.2 *Solicitud, procedimiento y laudo arbitral*

La actuación de una JAT se inicia mediante una solicitud por escrito (artículo 9.2 del ROTT) que dirige la parte que reclama (cargador, porteador o un tercero interesado) en la que se identifican reclamante y reclamado. En ella se exponen los motivos de la reclamación, su importe, las pruebas y la petición que se pretende.

El formulario que hay que cumplimentar para dicha solicitud suele estar a disposición de los usuarios en las consejerías con competencias en transporte en cada comunidad autónoma o provincia. Conviene adjuntar cuantas pruebas documentales (carta de porte CMR, albarán, factura, cartas de reclamación, formulación de reservas, etc.) y de otro tipo (fotográficas, por ejemplo) apoyen la reclamación que se persigue.

El plazo para solicitar la intervención de una JAT es el de prescripción, es decir, de un año (artículo 32 del Convenio CMR). Previamente, la parte que reclama deberá haber formulado sus reservas y su reclamación en el plazo que estipula el Convenio CMR, según se trate de pérdida y avería manifiesta o no, de retraso u otro caso, como impago de portes, por ejemplo.

Una vez recibida por la JAT la solicitud del reclamante, si considera que según los requisitos analizados es competente, la comunicará al reclamado indicándole la fecha de la vista oral en la que se resolverá la controversia planteada.

Previamente a la vista, el reclamado puede argumentar su oposición al proceso arbitral argumentando falta de competencia por cualquier motivo u otra razón.

La vista se inicia con la exposición del reclamante y continúa con la del reclamado; ambos exponen cuantas pruebas apoyen sus argumentos y peticiones. Después de escuchar a ambas partes, la JAT delibera y emite el laudo arbitral, que se acuerda por mayoría simple de los miembros, y cuyo empate resuelve el voto de calidad del presidente

El laudo arbitral, regulado por los artículos 37 a 46 de la LAR, equivale a la sentencia o decisión judicial y tienen los mismos efectos jurídicos. La JAT debe emitir laudo por escrito en un plazo máximo de seis meses desde la presentación de solicitud de intervención por el reclamante. El laudo arbitral no admite recurso nada más que por defectos de forma (recursos de anulación y revisión).

Tras su comunicación a las partes, se inicia un plazo de 10 días para su cumplimiento, en caso contrario (lo que desvirtúa los objetivos de un arbitraje acordado), se puede solicitar la ejecución forzosa de los bienes del deudor (regulada en el artículo 9.8 del ROTT, en la LAR y en la Ley 1/2000 de Enjuiciamiento Civil).

11 Transporte efectuado por transportistas sucesivos

> *Art. 34. 1. Si un transporte sometido a un solo contrato es ejecutado por sucesivos transportistas por carretera, cada uno de éstos asumirá la responsabilidad por la ejecución del transporte total. El segundo transportista y cada uno de los siguientes se obligan por la mera aceptación de la mercancía y de la carta de porte.*

Por tanto, todos asumen la responsabilidad del correcto desarrollo del transporte en su totalidad, aunque desarrollen cada uno sólo una parte del mismo. Es una práctica poco habitual.

> *Art. 35. 1. El transportista que acepte la mercancía de otro precedente le entregará a éste un recibo firmado y fechado. Su nombre y domicilio deberán constar en la carta de porte. En el caso que corresponda, las reservas análogas a las previstas en el artículo 8, párrafo 2 (no puede verificar la exactitud del envío con lo reflejado en el contrato CMR), se harán constar en el segundo ejemplar de la carta de porte y en el recibo.*

Así, cuando un transportista recibe la mercancía de otro para continuar el transporte puede hacer reservas sobre el estado de la misma o expresar que no ha podido verificar su estado.

> *Art. 36. 1. ... la acción de responsabilidad por pérdida, avería o mora no podrá ser dirigida sino contra el primer transportista o contra el último, o contra aquel que ejecutó la parte del transporte en cuyo curso se produjo el hecho que dio lugar a la pérdida, mora o avería. La acción puede dirigirse contra varios transportistas a la vez.*

La reclamación del cargador puede dirigirse contra uno de estos tres transportistas o contra varios de ellos.

> *Art. 37. El transportista que haya pagado una indemnización en virtud de las disposiciones del presente convenio tiene el derecho a repetir por el principal, intereses y gastos contra los transportistas que hayan participado en la ejecución del contrato de transporte, de acuerdo con las disposiciones siguientes:*
>
> *a) El transportista por el hecho imputable al cual se ha causado el daño habrá de soportar él solo la indemnización, tanto si la ha pagado él como otro transportista.*

El transportista que sea responsable del daño debe afrontar la indemnización en su totalidad, tanto si la ha pagado él como si se la reclama otro que la ha pagado ya al dueño de la mercancía.

> *b) Cuando el hecho causante del daño sea imputable a dos o varios transportistas, cada uno deberá paga una suma proporcional a su parte de responsabilidad; si no es posible valorar dicha proporción, cada uno pagará una suma proporcional al precio que cobraron por el transporte.*

Además de poco habitual, es bastante difícil y complejo determinar la parte de responsabilidad de cada transportista y qué parte de la indemnización corresponde a cada uno por la misma.

> *c) Si no se puede determinar quiénes son los responsables, la carga de indemnizar se repartirá entre todos los transportistas en la proporción fijada en el párrafo b) de este artículo.*

En el caso de que no se pueda determinar el responsable, deberán afrontar la indemnización entre los distintos transportistas. Supongamos que se ha debido hacer frente a una indemnización de 1.500 € por un transporte realizado por dos transportistas. El primero cobró el 60 % del porte y el segundo el 40 %. La indemnización ha sido pagada en su totalidad por el primer transportista. Ahora éste puede reclamar 600 € (40 % de la indemnización) al segundo transportista.

> *Art. 38. Si uno de los transportistas es insolvente, la parte que le corresponde y que no haya sido pagada se repartirá entre los demás transportistas en proporción a la remuneración de cada uno.*

Supongamos que se ha debido hacer frente a una indemnización de 3.300 € por un transporte realizado por tres transportistas. El primero cobró el 40 % del porte, el segundo otro 40 % y el tercero el 20 % restante. La indemnización ha sido pagada en su totalidad por el primer transportista y se da la circunstancia de que el segundo porteador es insolvente. En principio, corresponden 1.320 € a cada uno de los dos primeros transportistas y 660 € al tercero. Dado que el segundo es insolvente su parte se reparte entre el primero y el tercero a razón de 2/3 para el primero y 1/3 para el tercero. Por tanto, el primero pagará 2.200 € (1.320 € + 2/3 de 1.320 €) y el tercero 1.100 € (660 € + 1/3 de 1.320 €).

> *Art. 39. 1. El transportista contra el que se utilice el derecho de repetición previsto en los artículos 37 y 38 no podrá promover discusión sobre la validez del pago efectuado por el transportista que ejerce contra él el derecho de repetición, en el caso de que la indemnización haya sido fijada por decisión judicial y siempre que él haya sido informado del proceso y haya podido intervenir en el mismo.*

Si se le informó de dicho proceso debió personarse en el mismo y argumentar en su defensa. Si no lo hizo, queda obligado a acatar la parte del pago que le corresponda en cumplimiento de la decisión judicial o de junta arbitral de transporte.

> *Art. 40. Los transportistas son libres de establecer entre ellos disposiciones que deroguen los artículos 37 y 38.*

Existe, por tanto, la posibilidad de que entre ellos se pacten instrucciones distintas a las especificadas en dichos artículos.

12   Nulidad de las cláusulas contrarias al convenio

> *Art. 41. 1. Sin perjuicio de lo dispuesto en el artículo 40, toda cláusula que, directa o indirectamente, derogue el presente convenio será nula y no tendrá ningún efecto.*

Este artículo reafirma el carácter imperativo del Convenio CMR. Esto supone una diferencia fundamental respecto a la Ley 15/2009, que regula el contrato de transporte nacional de mercancías por carretera y que presenta un carácter dispositivo excepto en lo referente a la responsabilidad del porteador y las prescripción de las acciones.

Presentamos, por último, una tabla comparativa entre el Convenio CMR que regula el contrato de transporte internacional y la Ley 15/2009 que regula en España el contrato nacional, a fin de que la empresa transportista o cargadora que realiza transportes en los dos ámbitos pueda observar las principales diferencias entre dichas normativas.

Marco jurídico comparado del contrato de transporte nacional e internacional
de mercancías por carretera

Ámbito del transporte	*Nacional (España)*	*Internacional*
Legislación reguladora (marco legal)	**Ley 15/2009,** de 11 de noviembre, del contrato de transporte terrestre (BOE de 12 de noviembre de 2009) (LCTT) Corrección de errores de BOE 16 de febrero de 2010	Convenio de 19 de mayo de 1956 relativo al contrato de transporte internacional de mercancías por carretera (**CMR**) (BOE 109 de 7 de mayo de 1974, correcciones de errores 15 de junio de 1995). Modificado por el Protocolo de Ginebra de 5 de julio de 1978 (BOE 303 de 18 de diciembre 1982)
Documento de formalización del contrato	**Carta de porte** (art. 10 y siguientes de la LCTT) Documento de control (La Administración regula la formalización de los contratos por OFOM 238/2003, BOE de 13 de febrero)	**Carta de porte CMR** (art. 4 y siguientes del Convenio CMR) En el mercado se ha impuesto el modelo propuesto por la IRU en 1971 y actualizado en 2007
Límites de indemnización por responsabilidad del porteador ante pérdida o avería	Art. 57.1 de la Ley 15/2009 Un tercio del Iprem diario por kilogramo bruto Para 2011, 5,91 €/kg bruto (basándose en Iprem 2011, 17,75 €)	Art. 23.3 del Convenio CMR 8,33 DEG/kg bruto (A 7 de febrero de 2011 el DEG equivalía a 1,14994 €, por tanto, el límite se sitúa en **unos 10 €/kg bruto)**
Límites de indemnización por responsabilidad del porteador ante retraso	Art. 57.1 de la Ley 15/2009 Precio del transporte	Art. 23.5 del Convenio CMR Precio del transporte
Plazo para la reserva (reclamación) por pérdida o avería	Art. 60.1 de la Ley 15/2009 Pérdidas y averías **manifiestas** en el momento de la **entrega** Pérdidas y averías **no manifiestas** dentro de los siguientes siete **días naturales** a la entrega	Art. 30.1 del Convenio CMR Pérdidas y averías **aparentes** en el momento de la **entrega** Pérdidas y averías **no aparentes** dentro de los siguientes **siete días** desde la entrega sin contar domingos y festivos
Plazo para la reserva (reclamación) por retraso	Art. 60.3 de la Ley 15/2009 **21 días** desde el siguiente al de la entrega de las mercancías al destinatario	Art. 30.3 del Convenio CMR **21 días** desde la puesta de la mercancía a disposición del destinatario
Plazo de prescripción de las acciones	Art. 79 de la Ley 15/2009 Un año (en caso de dolo del porteador, dos años)	Art. 32.1 del Convenio CMR Un año (en caso de dolo del porteador, tres años)

Tabla 3.1. Ámbitos jurídicos del contrato de transporte.

Capítulo 4

El seguro en el transporte internacional por carretera

1   Regulación del contrato de seguro

El transporte internacional por carretera está sometido a una serie de riesgos inherentes a su actividad cuyas consecuencias conviene reducir, controlar y, en todo caso, mediante un contrato de seguro, trasladar a empresas especialistas en la gestión de riesgos como son las aseguradoras.

Interesa tanto a las empresas propietarias de las mercancías que se transportan como a los transportistas que efectúan dichas operaciones cubrirse de los riesgos derivados del transporte mediante un adecuado contrato de seguro.

En España, el contrato de seguro está regulado mediante la Ley 50/1980[1] de Contrato de seguro, en adelante LCS. Esta norma define el contrato de seguro en su artículo 1 como «aquel por el que el asegurador se obliga, mediante el cobro de una prima y si se produce el evento cuyo riesgo es objeto de cobertura a indemnizar, dentro de los límites pactados, el daño producido al asegurado o a satisfacer un capital, una renta u otras prestaciones convenidas».

Esta ley marco regula los distintos contratos de seguro, entre los que distinguimos dos tipos: el seguro de transporte terrestre como seguro de daños y el seguro de responsabilidad civil.

- *Seguro de transporte terrestre como seguro de daños.* A este seguro de transporte (que contrataría un cargador), la ley dedica su título II (secciones 1.ª y 4.ª, artículos 54 a 62). El seguro de transporte terrestre se define en el artículo 54 así: «Por el seguro de transporte terrestre el asegurador se obliga, dentro de los límites establecidos por la ley y en el contrato, a indemnizar los daños materiales que puedan sufrir con ocasión o consecuencia del transporte las mercancías porteadas, el medio utilizado u otros objetos asegurados».

---

[1] Ley 50/1980 de 8 de octubre (BOE 250 de 17 de octubre de 1980).

— *Seguro de responsabilidad civil.* Está regulado de manera muy escueta en los artículos 73 a 76 de la ley. Es el seguro que contrata el transportista para cubrir su responsabilidad por pérdida, avería o demora en la entrega, hechos que se estipulan en el Convenio CMR.

Es muy habitual que los transportistas internacionales contraten pólizas de seguro que cubren más riesgos de los derivados de su responsabilidad en el CMR. Esta cobertura extra tiene como objetivo dar mayor servicio a sus clientes y agilizar la resolución de sus reclamaciones, convirtiéndose, en la práctica, en seguros de daños.

La contratación del seguro de transporte, tanto si cubre específicamente daños o responsabilidad civil, no es obligatoria por ley; sin embargo, deben tenerse en cuenta otros factores que aconsejen su contratación o la determinen como condición, por ejemplo, para vendedor o comprador en el marco de un contrato de compraventa en el caso de determinadas reglas Incoterms®,[2] como CIP o CIF.

2   Independencia entre contratos de transporte y seguro

Un aspecto clave es diferenciar claramente entre el contrato de transporte internacional de mercancías por carretera[3] (regulado por el Convenio CMR) y el contrato de seguro de dicho transporte al que se le aplica la Ley 50/1980 y, de forma indirecta, las reglas Incoterms® 2010 de la CCI.

En la práctica, ambos contratos pueden referirse a una misma operación, pero se establecen entre partes diferentes (el contrato de transporte se establece entre cargador-expedidor y porteador, mientras que el contrato de seguro liga a tomador y asegurador), y además los términos de cada contrato no pueden alegarse en relación con el otro para exigirse o exonerarse de responsabilidad.

En el capítulo anterior se expuso cómo el Convenio CMR establece y determina el régimen de responsabilidad del transportista, la cual es independiente de que éste decida o no cubrirla (aunque sea parcialmente) mediante la contratación de un seguro. En la práctica, tanto si el transportista contrata dicho seguro como si no lo hace, debe responder ante el cargador por la pérdida, avería o demora en la entrega según contempla el citado convenio. Pero incluso habiendo contratado un seguro, el transportista no puede argumentar que no responde ante el cargador en el caso de que su asegurador se niegue, por cualquier razón, a indemnizarlo.

---

[2] Véase el capítulo 2 dedicado a las reglas Incoterms® 2010 y su relación con la contratación del transporte internacional de mercancías por carretera.

[3] Véase el capítulo 3 dedicado al contrato de transporte internacional y al Convenio CMR.

3   Razones para la contratación del seguro de transporte

Si bien la contratación de este seguro no es obligatoria por ley, conviene por distintas razones, a cargador y a transportista, plantearse la contratación de un seguro que cubra sus riesgos en operaciones de transporte internacional de mercancías por carretera.

- **Razones del cargador (vendedor o comprador)**

  - En relación con el contrato de compraventa y la regla Incoterms®, si el vendedor vende CIP está obligado a contratar un seguro que cubra los riesgos del transporte que soporta el comprador en los términos que las reglas Incoterms® 2010 determinan (cobertura mínima ICC «C» sobre el 110 % del valor de factura). Para el resto de las reglas Incoterms® que se pueden utilizar con transporte por carretera o combinación de varios medios, debe tenerse en cuenta que al vendedor le conviene cubrir los riesgos hasta el punto geográfico en que entrega y al comprador desde dicho punto. Para el transporte por carretera al vendedor le interesa contratar seguro sobre todo en las reglas FCA (cuando el punto geográfico no son sus instalaciones), DAT, DAP y DDP, y al comprador en las reglas EXW, FCA y CPT.[4]
  - Pueden producirse situaciones que provoquen pérdidas, daños o retrasos en la entrega de las mercancías que no sean responsabilidad del transportista (véanse los artículos 17.2 y 17.4 del Convenio CMR), como las causadas por fuerza mayor (inundaciones, heladas, etc.).
  - Puede darse el caso de que el valor de las mercancías supere el límite de indemnización por responsabilidad del transportista regulado en el artículo 23.3 del Convenio CMR (8,33 DEG/kg bruto faltante o dañado). En este caso, se puede optar por contratar un seguro por el valor de la mercancía. De esta manera, en caso de siniestro, la compañía aseguradora sí pagará el valor completo de la mercancía (valor asegurado), atendiendo a las circunstancias y condiciones del contrato de seguro con independencia de dicho límite.
  - Para asegurarse una respuesta en forma de indemnización por parte de la compañía aseguradora, ante la circunstancia de que el transportista no se haga cargo de la indemnización o no se pueda conseguir (insolvencia, etc.).
  - Para agilizar el proceso de cobro de la indemnización y dejar que sea la aseguradora la que después reclame al transportista. El cargador evita así depender del éxito de su reclamación al transportista y de que éste responda o no.

---

[4] Véase el capítulo 2 dedicado a las reglas Incoterms® 2010 y su relación con la contratación del transporte internacional de mercancía.

- **Razones del transportista**

  - El transporte internacional por carretera y sus operaciones asociadas (carga y descarga, almacenaje, etc.) están expuestos a múltiples riesgos por su propia naturaleza y por la enorme cantidad de circunstancias que le pueden afectar (accidentes, averías de los vehículos, estado de la vía, sanciones, retrasos en la entrega, pérdidas o daños a la carga en operaciones intermedias.
  - Responden ante el cargador, mediante el régimen de responsabilidad regulado en el Convenio CMR, de la pérdida, avería o demora en la entrega. Téngase en cuenta que el contrato de transporte se cumple con una obligación de resultado que implica entregar las mercancías en destino en el mismo estado en que se cargaron y cumpliendo las condiciones del contrato (plazo, etc.). Cualquier situación en que no se cumpla dicha entrega es susceptible de presuponer incumplimiento contractual por el transportista y acarrear su responsabilidad.
  - Mediante su contrato de seguro, el transportista consigue que su compañía aseguradora responda por él, evitándose litigar en tribunales o juntas arbitrales, ante las reclamaciones de sus clientes y les indemnice sin tener que hacer frente a dichos pagos de forma directa.
  - Un adecuado seguro por parte del transportista es un valor añadido de su servicio que debe poner de manifiesto al negociar los contratos. Obviamente, a cualquier cargador le resulta «más seguro» contratar a un transportista que cuenta con una buena cobertura que a otro que no tiene seguro.

4 Elementos y conceptos de un contrato de seguro

En el contrato de seguro la ley recoge diferentes elementos, conceptos y figuras que deben diferenciarse y entender su alcance para contratar correctamente un seguro de transporte. Como elementos personales distinguimos los siguientes:

- *Asegurador.* Es aquel que, por el cobro de la prima, se compromete a pagar la indemnización correspondiente al perjuicio ocasionado por el siniestro cuyo riesgo ha cubierto. Nos referimos a la compañía aseguradora.
- *Tomador.* Es quien contrata al asegurador. En el seguro de transporte podría tratarse del cargador (propietario de la mercancía o empresa que asume su riesgo durante el transporte) o del transportista (responsable de la mercancía en las condiciones que establece el Convenio CMR).
- *Asegurado.* Es quien ostenta la titularidad del interés asegurado. Normalmente, el propietario de la mercancía.
- *Beneficiario.* Al que le corresponde el derecho a percibir la indemnización. El propietario de la mercancía o aquel que soporta su riesgo.

En la práctica, y para una operación concreta, una o más de estas figuras pueden coincidir en una misma persona, física o jurídica. Por ejemplo, cuando el propietario de una mercancía contrata su transporte y contrata un seguro para dicha operación aúna los roles de tomador (contrata el seguro), asegurado (es propietario de la mercancía) y beneficiario (cobrará la indemnización, en su caso).

En el contrato de seguro para transportistas, la empresa porteadora es tomadora, pero los asegurados y beneficiarios suelen ser sus clientes cargadores y así acostumbra a reflejarse en sus pólizas.

Además de estos elementos personales se deben conocer otros conceptos del contrato de seguro, por ejemplo:

- *Póliza.* Documento que prueba la existencia y los términos de un contrato de seguro.
- *Riesgo.* Consiste en la posibilidad de que un hecho perjudicial ocurra. Es el fundamento del seguro, ya que su objetivo es cubrir los efectos perjudiciales de que los riesgos se confirmen y ocurran (siniestro).
- *Cobertura.* Está conformada por la serie de riesgos que quedan cubiertos mediante el contrato de seguro.
- *Siniestro.* Se basa en que el riesgo ocurre en realidad. Este hecho conlleva unas consecuencias negativas al asegurado, en compensación de las cuales el asegurador debe indemnizar.
- *Daño.* Es la cuantificación material del perjuicio ocasionado como consecuencia del siniestro.
- *Suma asegurada.* Se define en el artículo 27 de la Ley de Contrato de Seguro así: «La suma asegurada representa el límite máximo de la indemnización que debe pagar el asegurador en cada siniestro». Se corresponde con el valor monetario del interés que se asegura, por ejemplo, el valor de la mercancía que se transporta. En la mecánica indemnizatoria actúa como el máximo que el asegurador pagará como indemnización cuando ocurre el siniestro.
- *Prima.* Es el importe, precio o contraprestación que cobra la compañía aseguradora a cambio de obligarse a indemnizar en caso de siniestro por los riesgos cubiertos en la póliza.

5 Aspectos formales y prácticos en la contratación del seguro

El contrato de seguro corresponde al grupo de contratos denominados «formales», lo que implica que su formalización por escrito es obligatoria. Dicha formalización se materializa en la póliza de seguro, que se clasifica atendiendo a diferentes criterios.

En función de su duración o aplicabilidad, se distingue entre pólizas por viaje, que cubren los riesgos de una operación concreta de transporte, o temporales (cuyo tipo más usual es la «póliza flotante»), que cubren las operaciones que se realizan en un período de tiempo, normalmente un año, prorrogable de forma automática y asegurando una multiplicidad de expediciones con iguales condiciones. La póliza se compone de condiciones generales y particulares.

Las *condiciones generales* recogen estipulaciones comunes para todas las pólizas del mismo ramo o sector (basadas en el Código de Comercio y la ley de Contrato de seguro). Las dos más extendidas en el mercado son las Condiciones Generales Unespa de 1983 y las Cláusulas del Instituto de Aseguradores de Londres (Institute Cargo Clauses). Estas últimas, citadas con la abreviatura «ICC», se dividen a su vez en las categorías A, B y C, siendo la A la de mayor cobertura y la C la de menor. La ICC «C» es la cobertura del seguro que debe contratar el vendedor, como condición de la compraventa, para cubrir los riesgos del comprador en las reglas Incoterms® CIP y CIF, aunque en la práctica se suelen contratar coberturas mayores.

Estas condiciones incluyen aspectos como definiciones (asegurado, riesgo, franquicia, etc.), objeto y extensión del seguro (riesgos cubiertos y excluidos en general), comienzo y duración de la cobertura, pago de la prima, modificaciones en el riesgo, proceso ante el siniestro, comunicaciones, etc. Tienen la forma de libro y normalmente no se firman. Deben tenerse muy en cuenta los riesgos cubiertos y excluidos para adaptar esta cobertura genérica a las circunstancias concretas mediante su modificación en las condiciones particulares.

Los riesgos que suelen cubrirse en las condiciones generales de los contratos de seguro de transporte terrestre son los siguientes:

- Incendio, rayo o explosión.
- Accidente del medio de transporte.
- Accidente de buque a bordo del que se transporte el camión.
- Robo con intimidación.

Asimismo, suelen contemplarse como riesgos excluidos los siguientes:

- Dolo o mala fe.
- Retraso.
- Vicio propio de la mercancía.
- Insuficiencia o deficiencia de embalaje.
- Se suelen excluir de la cobertura algunos tipos de mercancía: perecedera, animales vivos, mercancías peligrosas, objetos valiosos, etc.

Las *condiciones particulares* recogen todos los datos específicos de cada contrato: identificación de tomador, asegurado y beneficiario, capital asegurado, riesgos cubiertos que amplían la cobertura de las condiciones generales (carga y descarga, roturas o robo), capitales máximos garantizados, etc. Se imprimen por la compañía aseguradora y se firman.

Estas condiciones pueden modificar las condiciones generales y se debe prestar especial atención a la ampliación de los riesgos cubiertos en las condiciones generales para adaptarlos a las características y los riesgos de las mercancías y su transporte. Por ejemplo, una empresa de transporte internacional a temperatura controlada debe incluir en las condiciones particulares la cobertura de los riesgos derivados de la rotura del equipo de frío (que en principio se contemplará como riesgo excluido).

Llama la atención el retraso en la entrega y sus consecuencias, de las que sí responde en principio el transportista, y que aparece como riesgo excluido. Las aseguradoras no suelen cubrirlo por tratarse de una circunstancia muy común y de difícil compensación, en la que resulta complicado probar sus circunstancias y consecuencias. Esta situación refuerza la idea de que el seguro de transporte, incluso el que contrate un transportista, no es «puro» de responsabilidad, pues se excluye de su cobertura el retraso, por el que sí se puede reclamar al transportista según el Convenio CMR. Por el contrario, sus pólizas suelen cubrir riesgos de los que dicho convenio no los hace responsables (fuerza mayor, etc.), pero se prefiere esta mayor cobertura para «mejorar la relación con el cliente y agilizar las reclamaciones».

5.1   Coberturas

En el proceso de contratación de un seguro por un cargador o un porteador debe entablarse comunicación con la compañía aseguradora a fin de contratar una póliza que, mediante sus coberturas, se adapte a las operaciones que se realizan.

El tomador está obligado (artículo 10 de la ley) a declarar al asegurador antes de concluir el contrato todas las circunstancias que puedan influir en la valoración del riesgo. En función de estas declaraciones, y de otros factores (tipo de mercancía, vehículos y su matrícula, historial de siniestralidad, etc.), la compañía aseguradora contratará el seguro y determinará la prima (mayor ante mayor riesgo). Asimismo, el tomador debe comunicar a la compañía aseguradora las agravaciones de riesgo que se puedan producir con posterioridad.

Tradicionalmente, las coberturas de riesgo a los transportistas se identifican mediante expresiones del tipo «Cobertura CMR 300.000 €» o similar (importe que se relaciona con la capacidad de carga en peso de los mayores vehículos y el límite de responsabilidad fijado en el Convenio CMR, 26.000 kg por unos 10-11 €). Con ello se indica que el asegurador cubría las responsabilidades que se imputaran al porteador según el Convenio CMR (excluido el retraso) en el cumplimiento de sus contratos de transporte hasta dicho importe como suma asegurada. Esta suma (importe máximo aludido por el tomador que, en caso de siniestro, se convertiría en indemnización a pagar por el asegurador) debe cubrir el valor de la mercancía. Existen variantes ampliadas como «CMR Plus», que indica las mismas coberturas pero por importes mayores, por ejemplo 450.000 €.

Si en la carta de porte CMR y, en aplicación del artículo 24 del convenio, el cargador declara un valor de la mercancía por encima de la suma asegurada, y el porteador quiere cubrir mediante un seguro su responsabilidad, debería consultar a la aseguradora y adaptar su póliza para ese viaje. Ello significaría aumentar la suma asegurada, pudiendo el exceso de prima originada cobrarse al cargador como gasto de explotación que habría que añadir al precio del servicio de transporte.

Sería conveniente, sobre todo en los contratos de transporte de duración continuada en los que existe una relación estrecha entre cargador y porteador, coordinarse para evitar tanto la duplicación de coberturas y seguros sobre los mismos riesgos, que añade coste a la cadena logística global, como las situaciones de indefensión por falta de cobertura.

La póliza y la prima se elaboran a partir de las declaraciones, la solicitud y el cuestionario que presenta la aseguradora, a partir de los cuales ésta acepta o no asegurar, y en caso de aceptar determina las condiciones. Como es lógico, a una mayor cobertura le corresponde una mayor prima.

6   Actuaciones tras el siniestro

La comunicación del siniestro a la aseguradora, la aportación de toda la documentación referida al mismo, la aminoración de daños y, finalmente, el pago de la indemnización son algunas de las principales acciones que se llevan a cabo tras un siniestro. Analicémoslas paso a paso.

a) Es obligatorio comunicar el siniestro a la compañía aseguradora. La obligación corresponde al tomador, asegurado o beneficiario (artículo 16 de la ley). El plazo general es de siete días desde el momento de conocer el siniestro, pero se suelen pactar plazos menores (de hasta 24 horas).

b) Junto a la comunicación del siniestro hay que aportar la documentación referida al mismo. Varía en función de si el contrato es de un cargador o un porteador.

Si se trata de un contrato de seguro de un usuario de transporte (cargador/destinatario) se deben adjuntar, entre otros, estos documentos:

- Carta de porte CMR y resto de documentación de la mercancía (albarán, etc.).
- Reclamación al transportista en tiempo y forma y, si procede, la contestación.
- Certificado del comisario de averías, valoración por perito, etc.
- Factura comercial de la carga que se transportaba.

Si el transportista es quien comunica un siniestro a la aseguradora con la que tiene cubierta su responsabilidad, le remitirá la siguiente documentación:

- Reclamación que ha recibido del que tiene derecho sobre la mercancía (cargador o destinatario).
- Carta de porte CMR y resto de documentación de la mercancía (albarán, etc.).
- Acta de peritaje o valoración del comisario de averías.
- Copia de la denuncia o declaración ante la autoridad competente, por ejemplo, ante robo.
- Si es una operación de transporte ATP (a temperatura controlada): documentación relativa al buen estado del aparato de frío y documentos relativos a la temperatura de ese servicio de transporte.

c) Con respecto a la aminoración de daños, el artículo 17 de la Ley de Contrato de Seguro dispone que el asegurado o tomador deberán emplear los medios a su alcance para aminorar las consecuencias del siniestro.

d) El pago de la indemnización se estipula en el artículo 18 de la ley. Si, finalmente, la aseguradora debe pagar la indemnización al beneficiario, tendrá que hacerlo efectivo en un plazo máximo de cuarenta días. La indemnización tiene el fin de reparar daños, se indemniza el daño efectivo, pero nunca debe suponer un beneficio para quien la recibe (artículo 26). Para determinar el daño se atiende al valor del interés asegurado en el momento inmediatamente anterior a que el siniestro ocurra, pudiendo alcanzar como máximo la suma asegurada (artículo 27).

Para valorar el daño en general se aplica el artículo 38. El asegurado puede nombrar un perito si no se conforma con el informe de daños emitido por el de la aseguradora. En concreto, el artículo 62 de la ley determina que la indemnización cubrirá en caso de pérdida total el precio de la mercancía en el lugar de su carga y el precio del transporte si éste debiera pagarlo el asegurado. El artículo especifica también que, en el caso de que las mercancías se destinasen a la venta, la indemnización se regulará por el valor que éstas tuvieran en el lugar de destino.

7   Acción de recobro de la compañía aseguradora

En el caso de seguro de daños suscrito por un cargador, una vez que el asegurador ha pagado la indemnización al asegurado suele actuar contra el transportista hasta cobrarle la indemnización. La aseguradora, una vez que ha pagado la indemnización al beneficiario, ejercerá los derechos y acciones que corresponden al asegurado hasta resarcirse de la indemnización (artículo 43 de la Ley de Contrato de Seguro).

La inclusión en la carta de porte de la cláusula «seguro por cuenta del remitente» o similar no indica que el porteador no sea responsable de un siniestro o no tenga que afrontar sus consecuencias, ya que una vez pagada la indemnización al asegurado, la aseguradora irá contra el porteador para cobrar la indemnización satisfecha. En este caso, la responsabilidad del porteador será la misma que ante una reclamación directa del usuario, es decir, la que se deriva del contrato de transporte.

Es habitual que si una aseguradora ha pagado una indemnización superior al límite de responsabilidad del porteador según el Convenio CMR, tras pagar al propietario de la carga dicha indemnización trate de cobrarla íntegra del transportista. Para saltar el límite establecido en el artículo 23.3 del Convenio CMR (8,33 DEG/kg), en ocasiones, se intenta probar que la conducta del transportista implica dolo o culpa equiparable, lo que tiene como consecuencia la pérdida del beneficio de limitación de su responsabilidad, además de la ampliación del plazo de prescripción de las acciones de uno a tres años.

Cuando un transportista contrata un seguro de daños, la compañía aseguradora, una vez pagada la indemnización al dueño de la mercancía, no actúa contra el transportista, pues es el tomador y pagador de la prima (su cliente). En el seguro de responsabilidad contratado por el porteador lo asegurado sería el coste procesal y las posibles indemnizaciones, por lo que una vez pagadas éstas, no tiene sentido el recobro.

8   Conclusiones

El cargador y el porteador deben estudiar con detenimiento la póliza que les conviene contratar, asegurarse de que cubre los riesgos más importantes relacionados con su actividad y cubrirlos convenientemente. Es importante buscar el asesoramiento de especialistas y comparar distintas ofertas antes de decidirse. Es recomendable recurrir a la bibliografía sobre la materia y al asesoramiento de las compañías de seguros y especialistas en el sector.

Capítulo 5
Optimización del transporte por carretera

1 Optimización en la preparación de la carga

En este capítulo se exponen diferentes procesos, métodos y técnicas mediante los que el cargador y el porteador, de manera indistinta o conjunta, pueden optimizar el proceso y la operativa del transporte internacional de mercancías por carretera.

1.1 *Envase y embalaje*

El envasado y embalado son procesos clave en las operaciones de transporte internacional en cualquier vehículo y para la mayoría de mercancías. Se puede analizar su significación desde distintas perspectivas: jurídica, operativa, comercial, etc.

1.1.1 *Implicaciones jurídicas*

Desde el punto de vista jurídico se deben cumplir dos condiciones: las pactadas por vendedor y comprador en el contrato de compraventa, y la normativa (aduanera, de seguridad, reciclado, etc.) que regule las condiciones del envase y embalaje en las operaciones de comercio y transporte internacional.

Debido a su importancia, es recomendable que vendedor y comprador determinen expresamente en el contrato de compraventa los requisitos de envase y embalaje que la mercancía debe cumplir: material de los envases, medidas, marcado, paletizado, etc. Ante falta de pacto expreso, se deben considerar las obligaciones A9/B9 de las reglas Incoterms® 2010, donde de forma general se atribuye al vendedor la obligación de suministrar la mercancía con el embalaje y marcado adecuado para el transporte que se ha de realizar (excepto en los graneles o mercancía que se transporte habitualmente sin embalar).

Adicionalmente, el Convenio CMR, en su artículo 10, atribuye al remitente la responsabilidad por los daños y gastos ocasionados por defectos en el embalaje. En última instancia, al vendedor es a quien más le interesa entregar la mercancía en perfectas condiciones para asegurar el buen fin de la operación.

En cuanto a la normativa aplicable a los envases y embalajes, ésta depende del ámbito de la operación: nacional, Comunidad Europea o con terceros países. Se deben tener en cuenta múltiples factores: las restricciones y los controles sobre los palés de madera (norma ISPM 15, que se analizará posteriormente), normas de identificación, procesos y costes de reciclado, normativa aplicable a mercancías específicas (perecederas, peligrosas, etc.) y, en general, las restricciones y normas del mercado de destino de la mercancía.

1.1.2   *Implicaciones operativas*

Desde el punto de vista operativo, se diferencia entre envase y embalaje, sus funciones y su relación.

- *Envase.* Es el recipiente que contiene el producto y cuya función principal es su protección, conservación, transporte y presentación comercial hasta el consumidor final. En algunos casos, se distingue entre envase primario (conserva el producto hasta su consumo; ejemplo: cartón de leche) y envase secundario (agrupaciones de envases primarios que facilitan su comercialización; ejemplo: agrupación de seis cartones de leche).

- *Embalaje.* Consiste en la aplicación de técnicas de identificación, protección y manipulación de envases durante toda la cadena logística del producto: técnicas de paletizado, uso de cajas, sacos, contenedores, etc.

  El objetivo principal del embalaje es proteger la mercancía y facilitar su manipulación. Además, debe adaptarse a la cadena logística internacional de cada producto, de manera que se valoren las alternativas y su relación coste/beneficio.

Existe una amplia tipología de envases y embalajes (cajas, botes, bandejas…) fabricados con distintos materiales (plástico, cartón, cristal, corcho, etc.), diseñados para cada operación. Es habitual modificar el material de determinados envases para reducir su peso y coste y aumentar su resistencia. Por ejemplo, el cambio de envases de vidrio en bebidas y alimentación por envases de plástico, más resistentes y ligeros.

Respecto a la forma en que se prepara la mercancía para su transporte, el binomio palé y semirremolque es la opción más común utilizada en el transporte internacional por carretera, cuya optimización permite un ahorro considerable de costes.

1.2 Paletizado

Es un sistema de embalaje consistente en presentar la mercancía para su transporte y almacenaje cargada sobre palés. Esta técnica permite obtener excelentes resultados en cuanto a la protección y manipulación de la mercancía.

El palé es una plataforma de carga sobre la que se dispone la mercancía conformando una unidad de carga homogénea para su transporte y almacenaje.

1.2.1 Tipos de palé

Se establecen diferentes clasificaciones en función del criterio que se aplique:

- *Material empleado en su fabricación.* Se distingue entre palés de madera (los más habituales), plástico, metal, combinación de metal y madera, fibra de vidrio, etc.
- *Diseño y accesibilidad.* Se distingue entre palés de dos entradas y de cuatro (se pueden manipular por sus cuatro caras).
- *Usabilidad.* Se distingue entre palés que se usan exclusivamente para una operación («perdidos» o «a fondo perdido») y los de duración continuada («de servicio») en el tiempo (se accede a ellos mediante consorcios de intercambio o alquiler).
- *Dimensiones del área de carga.* Existe una amplia gama, siendo los más comunes el europalé (1.200 × 800 mm) y el isopalé o palé universal (1.200 × 1.000 mm). También se comercializan palés de otras medidas: de 800 × 600 mm (muy utilizado por los grandes distribuidores para aprovisionar el punto de venta final), y de 600 × 400 mm, para uso en almacenes automáticos, etc.

Como hemos indicado, los más extendidos son el europalé y el isopalé, de los que presentamos algunas otras medidas en la tabla 5.1, las cuales varían en función del propietario y el estándar de fabricación aplicado.

Tipo de palé	*Europalé*	*Isopalé*
Dimensiones de la superficie de carga, en milímetros	1.200 × 800	1.200 × 1.000
Peso, en kilogramos	25	28
Altura, en centímetros	15	16
Carga dinámica soportada, en kilogramos	1.000-1.400	1.000-1.400

Tabla 5.1. Características del europalé y el isopalé.

En los intercambios comerciales en Europa y, como consecuencia, en el transporte internacional de mercancías por carretera, se ha extendido el uso habitual del europalé y su combinación con envases y embalajes de medidas proporcionales a su área de carga (véase el apartado 1.3.5).

1.2.2 *Gestión y sistemas de acceso a los palés*

Existen dos tipos de palés en función de su uso: perdidos y de duración continuada. Los primeros (de menor calidad, coste y resistencia) se utilizan en operaciones en las que la mercancía no requiere un palé de alta resistencia (poco peso, trayectos cortos, operaciones entre empresas del mismo grupo, etc.). En este caso, el coste del palé se incluye en el precio de la mercancía y no se retorna al origen, entrando en canales irregulares de reciclado y reutilización.

Sin embargo, en el transporte internacional por carretera, la mercancía paletizada se suele transportar en palés de duración o servicio continuado. En el mercado existen diferentes medios y canales de acceso a estos palés (algunos irregulares e incluso ilegales), pero los dos sistemas más comunes son el consorcio de intercambio y el de alquiler. Ambos sistemas tiene relación con el contrato y las gestiones que se han de desarrollar en las operaciones de transporte. Uno de los aspectos que deben tener en cuenta los responsables de tráfico de las empresas de transporte y los responsables de los almacenes y destinatarios es el adecuado registro, gestión y optimización de la operativa relacionada con los palés.

1.2.2.1   Consorcio de alquiler de palés

Mediante este sistema, los participantes en la cadena de transporte utilizan palés que son propiedad de un consorcio de palés mediante el pago de un alquiler por su uso. La dinámica habitual es que el vendedor-expedidor que necesita los palés los solicita a la empresa que gestiona el consorcio y ésta se los remite. Una vez contratado el transporte, cuando llega el camión al punto de origen, el transportista simplemente carga la mercancía paletizada que deberá entregar en destino.

La empresa que gestiona el consorcio recoge los palés en destino, una vez que se ha descargado la mercancía, y los reasigna al sistema. Asimismo, se encarga del mantenimiento necesario para que los palés se encuentren en perfecto estado de uso.

El problema que presenta el sistema es el coste de alquiler y que, en función de las localizaciones de destino, el consorcio puede tardar en recoger los palés ya descargados, mientras sigue aplicando coste de alquiler. La gran ventaja es que no se necesita hacer una inversión en palés, por lo que los costes fijos de su adquisición se transforman en variables. Además, es un sistema más respetuoso con el medio ambiente, pues todos los intervinientes de la cadena logística utilizan los palés que estrictamente se necesitan.

Los grandes distribuidores suelen firmar acuerdos de utilización de uso de los palés en régimen de consorcio, de modo que cuando una empresa se convierte en proveedor de un gran distribuidor puede que se vea obligada a servirle su producto utilizando este sistema.

Los palés en régimen de alquiler son fácilmente identificables por su color y sus marcas distintivas. Los consorcios más extendidos son el de Chep[1] (palés azules) y el de LPR (palés rojos). Otros se han especializado en determinados tráficos y características de sus palés, como Logifruit, que ofrece palés de plástico.

1.2.2.2   Consorcio de compra e intercambio. Palés EUR EPAL

Con este sistema la empresa fabricante, al igual que la de transporte, puede adquirir una cantidad de palés que cumplen los requisitos EUR EPAL.[2] Este consorcio de intercambio, el más extendido en Europa, funciona mediante el intercambio de los palés por los integrantes de la cadena transporte en la carga y descarga de cada uno de los transportes en los que se utiliza el sistema.

Así, cuando se acuerda el uso de estos palés, el cargador debe informar al transportista para que en el momento de la carga entregue el mismo número de palés vacíos que los que recoge cargados en el almacén del vendedor. Tras realizar el transporte, el transportista entrega la mercancía sobre los palés en destino y recoge el mismo número de palés vacíos que entregó en origen, cerrándose así el circuito.

Es importante comprobar en origen y destino que los palés cumplen con las normas y especificaciones EUR EPAL y que, por tanto, son intercambiables y no presentan irregularidades que impidan seguir utilizándolos en el sistema de intercambio (tacos rotos, tablón faltante, manchas que puedan afectar a la carga, etc.).

Si en origen o destino no se cumple el circuito en su totalidad o sólo en parte, se generan débitos a cargo de la parte correspondiente. Existen multitud de sistemas de registro y compensación de estos débitos, pero es práctica habitual que la parte que ha sufrido la pérdida repercuta al responsable de la misma el importe de dichos palés, pues se consideran un bien de la empresa. Esta atribución de coste se relaciona con el contrato de compraventa y el de transporte internacional por carretera, siendo muy conveniente que se pacte previamente entre vendedor y comprador, en un caso, y entre cargador y porteador, en otro.

---

[1] Para ampliar información, visite www.chep.com y www.lpr.eu.
[2] Para ampliar información, visite www.epal.eu.

Casos prácticos sobre el uso e intercambio de palés

Vamos a plantear en este caso una operativa habitual de registro y compensación en distintos escenarios en función de la parte (vendedor o comprador) que contrata el transporte y de la parte que sufre la pérdida.

- *Opción 1.* Una empresa de Valencia vende a un comprador danés en condiciones FCA Valencia, por lo que el comprador contrata el transporte. En la compraventa se acuerda el uso e intercambio de 33 europalés EUR EPAL y su compensación por 10 € la unidad en caso de registro de débitos. A la llegada del camión al almacén de Valencia, el transportista no entrega los 33 europalés equivalentes a los que se lleva con carga.

  El vendedor valenciano deberá registrar esta situación en la carta de porte CMR de manera que quede por escrito el débito a su favor. En el momento de facturar al comprador danés añadirá al valor de la mercancía el importe de 330 € correspondiente a los 33 europalés que ha perdido en la operación. Posteriormente, suponiendo que el cargador-comprador incluyó en la orden de carga que remitió al transportista la condición de intercambiar los palés contra penalización, podrá compensar el importe en la factura del servicio de transporte.

- *Opción 2.* La empresa valenciana vende ahora en condiciones DAP al comprador danés. Por tanto, contrata el transporte y encarga en la orden de carga que remite al transportista el intercambio de los 33 europalés o su compensación en los mismos términos de la opción anterior. Si el transportista no presenta en el momento de la carga los 33 europalés vacíos, el cargador-vendedor lo registrará en la carta de porte CMR y le deducirá de la factura de transporte el importe de 330 €.

- *Opción 3.* Supongamos ahora la misma operación planteada según la opción 2. Pero en este caso el transportista sí entrega los 33 europalés en el almacén de Valencia; sin embargo, cuando descarga en destino no se le devuelven 33 europalés vacíos. Tras registrarlo en la carta de porte CMR (ejemplares 2, 3 y 4), puede incrementar su factura de transporte en el mismo importe de 330 € para presentar al cargador-vendedor valenciano y éste tendría que imputárselos a través de la factura de venta al comprador danés.

Estas prácticas varían de un tipo de tráfico y sector a otro, pero tienen una base lógica: con este sistema los palés pertenecen a quien los adquirió, que si no recibe otros iguales en cada intercambio, los cobra al responsable de dicha pérdida.

El consorcio de intercambio presenta como ventaja para los expedidores y fabricantes una mayor autonomía de gestión respecto al consorcio de alquiler pero, por el contrario, requiere realizar una inversión en un parque de palés y soportar el coste de su almacenaje y conservación.

A fin de que las entregas y devoluciones de los palés en origen y destino queden claramente reflejadas, algunos modelos de carta de porte CMR presentan unas casillas específicas para esta función que suelen figurar junto a la descripción de la mercancía.

Cargados por el remitente	*Devueltos al remitente*	*Entregados al destinatario*	*Devueltos por el destinatario*

Tabla 5.2. Detalle sobre el registro de los intercambios de palés que suele figurar en las casillas 6 a 9 de algunos modelos de carta de porte CMR.

Es habitual establecer cuatro o más casillas donde anotar los palés entregados y recogidos como se detalla en la tabla 5.2.

Si la carta de porte CMR no recoge esta distribución de casillas, se puede anotar en las casillas 6 a 9 junto con la descripción de las mercancías o en las casillas 13 o 19.

Con todo ello, es recomendable formalizar un documento específico que recoja a modo de recibí los intercambios de palés generados en los almacenes de origen y destino en cada transporte. Este documento, que podemos denominar «registro de palés», «registro de intercambio de palés» o similar, y que admite distintos formatos, debe reflejar con claridad el intercambio realizado o el débito generado. En la figura 5.1 presentamos un modelo orientativo que puede adaptarse a las peculiaridades de diferentes tipos de operaciones. Este documento puede elaborarlo y usarlo tanto la empresa vendedora-expedidora como la compradora y el transportista, pues a todos les interesa disponer de un registro adecuado de cada operación.

- **Reflejo del sistema usado en el contrato de transporte**
  El hecho de utilizar un sistema u otro de acceso a los palés de duración continuada o incluso palés perdidos depende de diversas circunstancias. En primer lugar de las condiciones pactadas en el contrato de compraventa, de que se imponga por una de las partes o del mercado de destino (por ejemplo, con el mercado inglés es habitual palés perdidos o isopalés). Es conveniente pactar siempre en la compraventa el envase y el embalaje requerido y después trasladar esos acuerdos al contrato de transporte reflejando, en su caso, en la orden de carga el intercambio de palés que hay que realizar y su penalización. En el momento de la carga y descarga debe reflejarse en la carta de porte CMR y, si se considera apropiado, en documento específico como el que proponemos. Si no se pacta nada, y dado que el Convenio CMR no regula estas prácticas, puede resultar no sujeto a ley exigir una compensación a un transportista cuando no se le ha especificado que debía intercambiar los palés para un servicio.[3]

---

[3] De hecho, las Condiciones Generales de Contratación de 1997 especifican (2.14) que los palés y otros soportes forman parte del envío y que no podrán ser objeto de alquiler ni deducción aplicable al porteador. El retorno de los mismos conformaría, en todo caso, otro contrato de transporte. Sin embargo, estas condiciones tienen valor supletorio y prevalece sobre ellas el pacto expreso entre las partes.

REGISTRO DE EUROPALÉS
Pallet register

ALCATRANS, SA
Transportes internacionales por carretera
Madrid (España)
Tel. – Fax – Correo electrónico - Web

Lugar de carga/descarga: *Place of loading/unloading:* Empresa/*Company*:	Fecha: *Date:*	Matrículas del vehículo: *Truck number:*
CARGADOS: *LOADED:* Número/*Number*		.... Firma y sello del transportista *Signature and stamp driver*
DESCARGADOS: *UNLOADED:* Número/*Number*		.... Firma y sello del lugar de carga/descarga *Signature and stamp loading/unloading place*
DIFERENCIA: *DIFFERENCE:* Número/*Number*		

AVISO IMPORTANTE / *ATTENTION*
Este registro de palés debe ser completado en su totalidad. En caso contrario no tiene validez.
This pallets document has to be filled in completely, otherwise it's not valid.

ALCATRANS, SA
Teléfonos de contacto para cualquier incidencia. Por favor, comuníquese con:
Contact phone for any incidence. Please contact to:

Figura 5.1. Modelo de registro de palés para los procesos de intercambio en el transporte.

1.2.2.3   Tratamiento fitosanitario de los palés de madera. Norma NIMF 15

La madera utilizada en la construcción de los palés usados en el transporte internacional puede constituir una vía de transmisión de infecciones fitosanitarias de unos países a otros. Por esta razón, la FAO promulgó en 2002, mediante la Convención Internacional de Protección Fitosanitaria (IPPC), la norma NIMF 15,[4] «Reglamentación del embalaje de madera utilizado en el comercio internacional», que entró en vigor en 2004.

Esta norma se concreta en una prevención en origen mediante el sometimiento de los palés a un tratamiento térmico o químico, su marcado y certificación como requisitos para la aceptación de su uso en el comercio internacional (inspección en aduanas). De no realizarse, los países que exigen este requisito pueden impedir la entrada de la mercancía en su territorio.

La Unión Europea aplica esta normativa a las importaciones mediante la directiva 2004/102/CE y en España se aplica la Orden APA/3290/2007. Actualmente, la NIMF 15 no se aplica en los intercambios intracomunitarios, pero se prevé que se exigirá a medio plazo. Además, desde 1 de julio de 2009, como consecuencia de la plaga de nematodo del pino, se exige para los palés de madera de pino de Portugal que acceden al territorio de los otros países comunitarios. La organización EPAL se ha adelantado a la futura exigencia y desde el 1 de enero de 2010 exige a todos los fabricantes de palés EUR EPAL la aplicación del tratamiento y su marcado para los palés de nueva construcción.

La norma contempla los tratamientos térmico y químico. El primero consiste en calentar la madera conforme a un programa específico de tiempo/temperatura, mediante el cual el centro de la misma alcance una temperatura mínima de 56 °C durante un período mínimo de 30 minutos continuos en todo su perfil (incluida la parte central). El tratamiento químico consiste en fumigar la madera con bromuro de metilo, lo que provoca diferentes inconvenientes poco recomendables.

El marcado de los palés fabricados cumpliendo con la norma NIMF 15 se expresa mediante un símbolo y tres códigos identificativos. El símbolo se asemeja a una espiga de trigo en vertical con las siglas «IPPC» y los códigos indican: país (dos letras que indican el código ISO del país fabricante), productor/suministrador del tratamiento (código numérico) y tratamiento aplicado (HT para tratamiento térmico y MB para bromuro de metilo).

---

[4] NIMF significa «Normas Internacionales para Medidas Fitosanitarias». También se conocen por su abreviatura inglesa ISPM «International Standard for Phytosanitary Measures». La NIMF 15 se puede descargar, en versión actualizada de 2009, en http://www.mapa.es/agricultura/pags/sanidad-Vegetal/EmbalajesdeMadera/directrices_embalaje_madera.pdf

1.2.2.4   Recomendaciones sobre paletización

- **Sistema modular o proporcional**

  La optimización del envase y el embalaje implica, entre otros criterios, aprovechar al máximo el espacio en cualquier punto de la cadena logística, ya se trate del almacén, el semirremolque del camión, el espacio en el punto de venta final, etc.

  El sistema proporcional o modular consiste en optimizar el espacio de carga del palé, lo que implica aprovecharlo al máximo mediante su ocupación total con los envases y embalajes que contienen el producto. En este sentido, teniendo en cuenta que en el transporte europeo se ha impuesto el uso combinado del europalé y el semirremolque de carretera, vamos a centrarnos en el aprovechamiento de todo el espacio de carga del europalé. Este principio puede ser

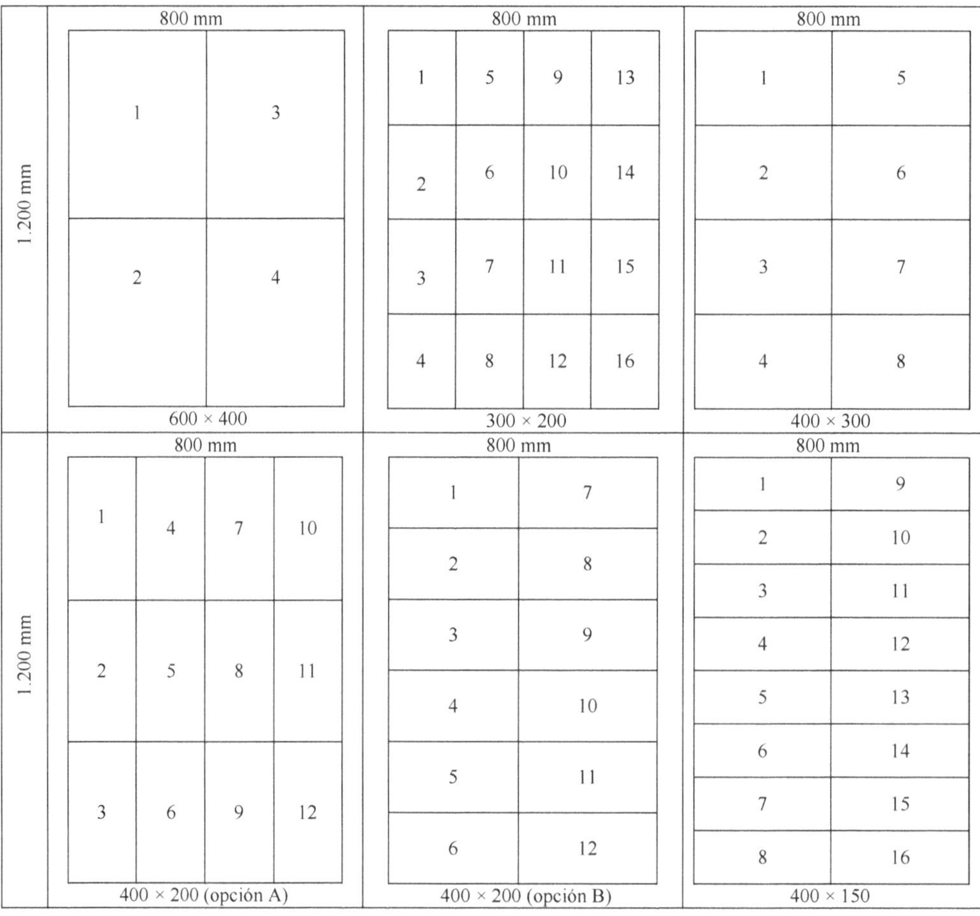

Figura 5.2. Ejemplos de disposición de los tamaños de envases y embalajes modulares sobre el europalé de 1.200 × 800 mm.

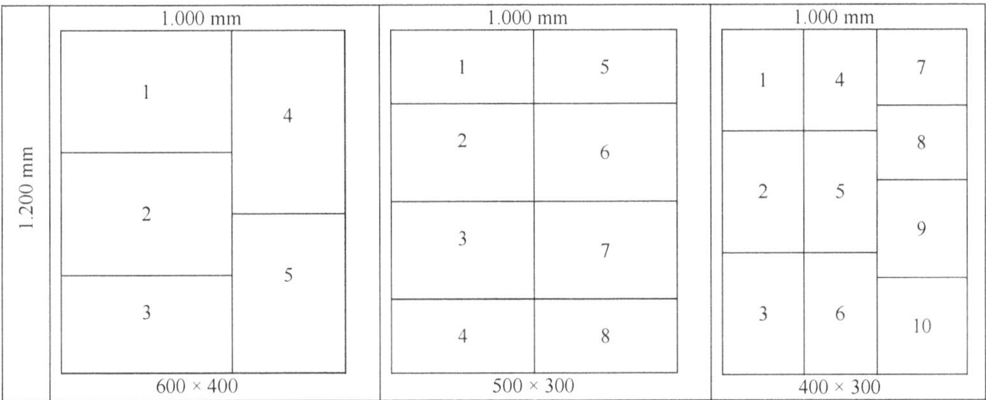

Figura 5.3. Disposición de los tamaños de envases y embalajes modulares sobre el isopalé 1.200 × 1.000 mm.

aplicado a cualquier otro soporte de carga (contenedor rodante, palé caja, vagón ferroviario, etc.).

En la práctica, se trata de diseñar envases y embalajes que sean submúltiplos del área de carga del europalé para que, una vez que se carguen sobre la misma, pueda optimizarse toda la cadena logística (almacén, camión…). Así, partiendo del área de carga del europalé, se pueden utilizar envases y embalajes con dimensiones proporcionales a la misma: 600 × 400 (módulo de referencia), 400 × 300, 400 × 200, 300 × 200, 400 × 150, etc. En la figura 5.2 se representan algunas de estas distribuciones.

Aplicando la misma regla al isopalé de 1.200 × 1.000 mm, surgen como tamaños de los envases y embalajes más adecuados: 600 × 400 mm, 500 × 300 mm, 400 × 300 mm y otros. La disposición óptima de algunos de ellos se presenta en la figura 5.3.

Se debe analizar las posibilidades de ajuste y optimización de los envases y embalajes para aprovechar las ventajas planteadas en cuanto al espacio de carga del palé. Lo ideal es diseñar los envases y embalajes del producto en función, entre otros parámetros, de los costes de su cadena logística. Este principio cobra mayor importancia en los productos con menor valor de mercado y cuyo coste logístico supone una parte significativa de su precio final.

Así, por ejemplo, las grandes cadenas de distribución alimentaria se plantean variar el diseño de algunos envases tradicionales que no optimizan el espacio, como el de las botellas de aceite o de vino, de tradicional forma circular, y cuyo rediseño a una forma cuadrada puede aportar un ahorro en su logística.

- **Recomendaciones sobre paletización**

La paletización consiste en la distribución ordenada de los envases y embalajes sobre el área de carga del palé formando pisos, camadas o alturas de productos que, tras su cohesión, configuran una unidad de carga homogénea para su transporte y almacenaje. En la actualidad, estos procesos suelen estar mecanizados (paletizadoras o enfardadoras), lo cual permite ahorrar costes e incrementar la seguridad.

La carga va a sufrir durante su transporte movimientos bruscos contra los que se puede proteger mediante un correcto paletizado. Una regla básica es minimizar los espacios en vacío (no sólo para ahorrar costes de transporte, sino también por el riesgo de inestabilidad que suponen). Además, se debe aplicar unos principios para obtener una suficiente cohesión natural y artificial.

La *cohesión natural* o cruzamiento se obtiene distribuyendo los envases y embalajes que contienen los productos de forma diferente en los pisos alternativos de un palé. De esta manera, la fuerza de la gravedad y la superposición de las cajas o bandejas proporcionan una cierta estabilidad a la carga. Esta cohesión no se puede conseguir en todos los casos cuando se paletizan embalajes proporcionales que repiten su disposición capa a capa, como ocurre con la combinación del módulo de 600 × 400 mm sobre el europalé (véase la figura 5.2), pero sí cuando se alternan las opciones A y B del módulo de 400 × 200 mm.

La *cohesión artificial* consiste en aplicar dispositivos de sujeción y estabilidad para mejorar la solidez del palé cargado como unidad de transporte. Entre estos dispositivos podemos citar las cantoneras, los flejes, plásticos envolventes, etc.

La ocupación de todo el espacio del palé y la aplicación de técnicas de cohesión evitan algunos de los problemas que puede presentar un incorrecto paletizado: la división de la carga (imposibilidad de aplicar cruzamiento que genera inestabilidad al manipular el palé) y los efectos derivados de la ineficiente ocupación del área de carga del palé (se generan espacios vacíos como bolsas, chimeneas, etc.). Si no se evitan estos problemas suelen acabar manifestándose roturas o abanicos, inestabilidad que finalmente puede ocasionar daños a la mercancía, a quienes la manipulan y al vehículo que las transporta.

- **Beneficios del sistema proporcional o modular con un correcto paletizado**
  El sistema expuesto presenta diversas ventajas:

  - Reducción de los costes de transporte y almacenaje en toda la cadena logística al optimizar el espacio que ofrece el palé y, por tanto, los vehículos de transporte y los almacenes. Estos beneficios son más importantes en las cadenas logísticas de productos de menor valor y coste logístico más elevado respecto de su precio de mercado.
  - Se minimizan las pérdidas y los daños sufridos por la carga al aplicar técnicas de manipulación más seguras que aumentan su protección. Mediante la aplicación de sistemas de fijación y estabilidad (cantoneras, flejado, cajas con orificios para la ventilación, etc.) se consigue aumentar la estabilidad de la unidad de carga, minimizar sus daños y aplicar las condiciones de conservación requeridas durante su transporte y almacenaje.

- Se reducen tiempos en los procesos de la cadena logística al agilizar las operaciones de carga y descarga entre almacenes, vehículos y puntos de venta.
- Se normalizan los procesos de compra basándose en unidades estándar como el palé (europalé o isopalé).
- En los repartos finales («última milla»), el uso del palé permite recoger o entregar de forma ágil y optimizando costes mediante la aplicación de palés de un solo producto o multirreferencia, así como vehículos de recogida y reparto dotados con sistemas mecánicos de carga y descarga.
- Se fomenta la aplicación de procesos mecánicos de configuración, carga y descarga, transporte, manipulación y almacenaje en toda la cadena logística (paletizadoras automáticas, transpalés, carretillas, flejadoras, caminos de rodillos, etc.).
- Permite aplicar las tecnologías de la información y la comunicación a la cadena logística mediante el uso de radiofrecuencia, etiquetas identificativas, dispositivos para la preparación de pedidos, etc.
- Se reducen los costes ambientales de la cadena logística como consecuencia del aprovechamiento y la optimización de los vehículos, por lo que se reduce el transporte en vacío y se mejora el aprovechamiento de los almacenes.

1.2.2.5   Ficha logística

Cada vez es más habitual la presentación, a modo de catálogo, de la «ficha logística», «ficha técnica» o «ficha de almacén» de un determinado producto. Esta ficha recoge la información técnica y comercial relativa al mismo, incluyendo la referida a su paletización:

- Número de envases y embalajes.
- Peso bruto y peso neto.
- Tipo de palé usado en su transporte.
- Distribución de los productos por pisos o capas y su croquis.
- Cuidados necesarios durante la manipulación.
- Requisitos de conservación.

La ficha logística suelen presentarse en los sitios web de las empresas o remitirse al cliente que solicita información sobre un producto.

Son documentos útiles tanto para el posible cliente comprador, que conoce con detalle la cantidad de producto que se transporta en un palé y puede adecuar al mismo su pedido, como para normalizar los procesos y las operaciones internas de preparación de producto en los almacenes.

La figura 5.4 presenta, a modo de ejemplo, un modelo de ficha logística.

<table>
<tr><td colspan="2">EMBUTIDOS SERRANO, S.L.
León (España)</td><td colspan="2">FICHA LOGÍSTICA</td></tr>
<tr><td colspan="4" align="center">Producto</td></tr>
<tr><td colspan="2">Espetec categoría extra
Presentación: pieza de 150 g</td><td colspan="2">Código logístico: A-790
Código EAN13: 84209XXX04302</td></tr>
<tr><td colspan="4" align="center">Presentación en europalé (1.200 × 800 mm)</td></tr>
<tr><td colspan="4" align="center">Características técnicas del producto</td></tr>
<tr><td colspan="4">Ingredientes/composición:
- Jamón, paleta y panceta de cerdo, vino, sal, dextrina, proteínas de leche, lactosa, estabilizante, potenciador del sabor (glutamato monosódico), especias, aromas, antioxidante (ascorbato sódico), conservador (nitrato potásico) y colorante (cochinilla)
- Curación mínima: 20 días
- 42 % de merma aproximada
- Consumo preferente: 9 meses
- Tipo de envase: flow-pack microperforado</td></tr>
<tr><td colspan="4" align="center">Paletizado del producto en europalé</td></tr>
<tr><td colspan="2">Unidad de producto</td><td colspan="2">Peso: 150 g</td></tr>
<tr><td colspan="2">Unidades por caja y sus dimensiones</td><td colspan="2">20 unidades por caja
Dimensiones de la caja (mm): 400 × 200 × 134
Peso bruto de cada caja: 3,2 kg</td></tr>
<tr><td colspan="2">Paletización</td><td colspan="2">Cajas por capa: 12
Número de capas por europalé: 9</td></tr>
<tr><td colspan="2">Europalé (1.200 × 800 mm)</td><td colspan="2">Total de cajas: 108
Altura: 1.356 mm
Peso bruto del europalé cargado: 370,6 kg</td></tr>
<tr><td colspan="2">Condiciones de almacenamiento:
- Temperatura entre 3 y 5 °C
- Humedad entre 75 y 85 %</td><td colspan="2">Ficha actualizada en: febrero de 2011</td></tr>
<tr><td colspan="4" align="center">Mosaico de capas e instrucciones de paletizado</td></tr>
<tr><td colspan="4">Alternar las distribuciones siguientes en diferentes capas para aprovechar cruzamiento. Aplicar plástico con orificios y superponer 4 cantoneras y 3 flejes. Adherir etiqueta identificativa. Conservar en almacén refrigerado hasta su carga.</td></tr>
<tr><td colspan="2" align="center">Capas 1, 3, 5, 7 y 9
Lado 1.200 mm</td><td colspan="2" align="center">Capas 2, 4, 6 y 8
Lado 1.200 mm</td></tr>
</table>

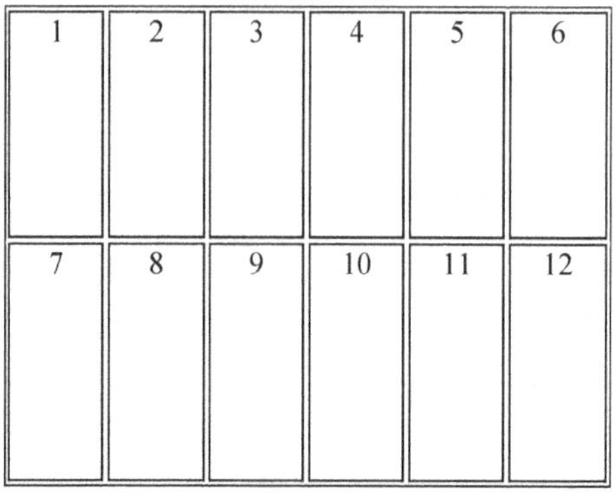

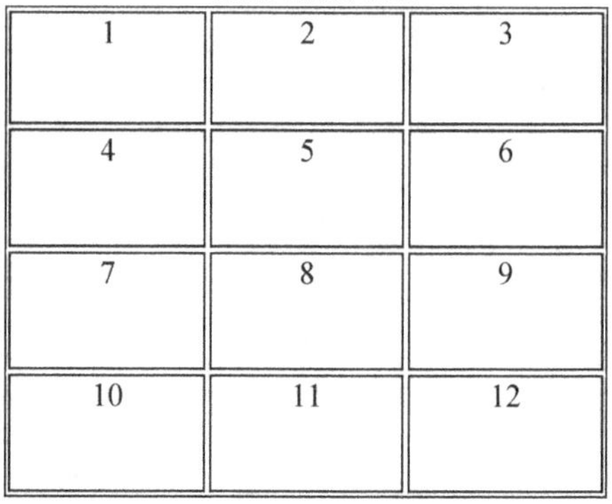

Figura 5.4. Ejemplo de ficha logística.

2   Optimización en el uso de los vehículos

2.1   *Tipología de vehículos y cargas. Adecuación*

El transporte por carretera es el modo que tiene mayor capacidad de adecuación entre vehículos y cargas. De esta manera, se transporta casi cualquier tipo de mercancía hacia y desde los mercados internacionales, la cual se puede clasificar en dos grandes grupos: mercancía a granel y mercancía paletizada o en bultos (sacos, cajas, etc.).

2.1.1   *Tipos de cargas y su presentación*

La *mercancía a granel* (sólida, pulverulenta, líquida o gaseosa), como pienso, combustible, harina, cemento, leche, arena y otros de características similares, requiere vehículos y sistemas de carga y descarga específicos (cisterna, tolva, volquete, silo, etc.). Los requisitos de la mercancía y sus características determinan el tipo de vehículo más adecuado para cada producto, sin que se precise una presentación particular de la mercancía ni aplicar procesos de envase y embalaje.

El resto de mercancía tiene diferentes formas de prepararse para su transporte, siendo las tres más comunes: paletizada, en bultos y suelta sin embalaje (vehículos, piezas indivisibles, etc.). En este grupo el tipo de preparación más común es la mercancía paletizada por los beneficios que aporta; las cajas de los semirremolques de carretera se adaptan perfectamente a los palés para optimizar su capacidad de carga.

2.1.2   *Tipos de vehículos y mercancías afines*

El sector de la automoción ofrece una enorme gama de vehículos adaptados a cualquier tipo de mercancía y capaces de cumplir con los requisitos de cada envío (temperatura, seguridad, normativa, etc.).

En relación con el contrato de transporte, el Convenio CMR no especifica en ningún artículo[5] cómo acordar la idoneidad del vehículo que hay que utilizar. La práctica más habitual y aconsejable es que el cargador solicite un tipo de vehículo en la orden de carga previa a la formalización del contrato de transporte (carta de porte CMR). En ella se deben establecer todos los aspectos relativos a la contratación del servicio y,

---

[5] Este aspecto sí se regula para el contrato de transporte nacional de mercancía por carretera mediante el artículo 17 de la Ley 15/2009, que especifica que el porteador debe utilizar un vehículo que sea adecuado para el tipo y las circunstancias del transporte que deba realizar, de acuerdo con la información que le suministre el cargador.

en concreto, puede especificarse el vehículo requerido, las condiciones que tiene que cumplir para transportar la mercancía o ambos requisitos. Es usual especificar la clase de mercancía y sus necesidades especiales (temperatura, peligrosidad, etc.), el número de palés y su tipo (así como el acuerdo de intercambio en su caso), el peso, el volumen (capacidad de carga del vehículo) y cualquier otra característica con incidencia en la elección del vehículo.

El cargador debe, en su propio beneficio, especificar muy claramente el tipo de vehículo, pues la diferencia de capacidad de carga de unos modelos a otros es notable (véase el siguiente apartado).

Existen diferentes clasificaciones de los vehículos de transporte (por número de ejes, camión y tráiler, furgón, tren de carretera, etc.). El criterio más lógico desde el punto de vista de la contratación es su capacidad de carga y su adecuación al tipo de mercancía que deba transportar. En función de ello distinguimos, considerando las características del semirremolque de carga, entre:

- **Caja cerrada**
  Es el tipo de caja más común. Adecuada para transportar cualquier mercancía en su superficie de carga cerrada (suelo, paredes y techo). Tiene una estructura variable: cajas rígidas similares a un contenedor marítimo, semirrígidas, y modulares con lona. Ofrece una protección básica respecto de las condiciones meteorológicas, seguridad, etc. Se usa para transportar mercancías muy diversas: productos industriales (piezas y recambios, materiales de construcción), de consumo directo (alimentación, textil) o que no necesita cuidados específicos (construcción, madera, etc.). Es el tipo de vehículo más polivalente. Existen distintas categorías, por ejemplo, en función de la forma de carga que ofrecen. Así, un *tautliner* es un semirremolque de caja cerrada con lona corredera que permite cargar la mercancía por los laterales de forma rápida.

- **Caja abierta**
  La caja del semirremolque carece de techo, por lo que la mercancía se transporta al descubierto (puede, en ocasiones, cubrirse con lona). La altura de las paredes laterales, su rigidez y modularidad son variables. Se suelen utilizar para mercancías que no requieren ser transportadas bajo cubierta como algunos materiales de construcción, plásticos, etc.

- **Plataforma**
  El área de carga del semirremolque lo constituye una superficie sin paredes laterales sobre la que se sujeta la mercancía. Dispone de elementos para un trincaje suficiente de la misma (tornos, redes, maderas, etc.). Se utiliza para mercancía indivisible de gran peso o volumen y que no requiere una cobertura especial, por ejemplo bloques de mármol, planchas metálicas, elementos para la construcción,

tubos, troncos, etc. En ocasiones se acompaña de elementos supletorios en función de la carga, como soportes para planchas de vidrio, cerámica o mármol.

- **Portacontenedor**
  Plataforma que dispone de los elementos de sujeción específicos que utilizan los contenedores. Se adapta al transporte de contenedores de distintos tamaños (20, 30, 40 y 45 pies, frigoríficos, etc.).

- **Góndola**
  Variante del vehículo plataforma con el centro más bajo para admitir mayor capacidad de carga en altura. Suele utilizarse para transportar elementos de gran volumen: grúas, vehículos especiales para obras públicas, excavadoras, silos, etc. Si se superan los límites de peso, altura o anchura que marca la normativa vigente sobre circulación en carretera realizan «transporte especial». Existen modelos extensibles y modulares que se adaptan a los requerimientos de cualquier operación.

- **Portavehículos**
  El semirremolque dispone de una o dos plataformas donde se cargan vehículos (automóviles, furgones, tractores, caravanas, etc.) para su transporte por carretera.

- **Vehículos ATP: isotermo, refrigerante y frigorífico**
  Todas estas variantes representan vehículos adaptados al Acuerdo ATP[6] que regula el transporte de mercancías perecederas a temperatura controlada. El *isotermo* consiste en una caja cerrada de paredes rígidas y aislantes que limita el intercambio de temperatura con el exterior. El *refrigerante* es un isotermo que utiliza una fuente de frío externo no autónoma para alcanzar la temperatura requerida y mantenerla. El *frigorífico* (el más polivalente y extendido de los vehículos ATP) es también un vehículo isotermo que dispone de un motor autónomo (diesel o eléctrico) de producción de frío que hace posible los transportes internacionales a temperatura controlada. Su equipo de frío permite fijar la temperatura y mantenerla continua (sin oscilaciones para productos sensibles) o automática (con oscilaciones en un intervalo), e incorpora termógrafos que registran la temperatura de todo el transporte y que puede solicitar el destinatario o ante una reclamación al transportista para determinar si los daños causados se han debido a una rotura de la cadena de frío. Se utiliza para todo tipo de productos que requieren ser transportados a temperatura controlada (frutas, hortalizas, pescado, congelados, etc.). Cuando no usa el equipo de frío transporta cualquier tipo de producto en su caja cerrada.

---

[6] Acuerdo sobre transportes internacionales de mercancías perecederas y sobre vehículos especiales utilizados en estos transportes (1970).

Existe una variante, la frigolona, que es una caja cerrada con lona que dispone de un equipo de frío autónomo.

- **Silo o tolva**
  La unidad de carga del semirremolque es un depósito cerrado con medios específicos para la carga y descarga. Es adecuada para el transporte de productos sólidos, pulverulentos y granulosos (harina, pienso, cemento, yeso, arenas tratadas, etc.).

- **Jaula**
  La caja del semirremolque está adaptada para el transporte de animales vivos. Su diseño facilita la ventilación y las condiciones que exige la normativa aplicable al transporte de animales (comederos, espacios, yacija, etc.).

- **Cisterna**
  El dispositivo de carga es un recipiente adaptado para mercancías líquidas y gaseosas. Se distinguen distintos tipos en función de la carga para la que se han diseñado: alimenticias (aceite, leche, vino, mosto, agua, etc.) y mercancías peligrosas que deben transportarse cumpliendo el Convenio ADR[7] (gasóleo, cloro, butano, acetona, etc.).

- **Capitoné**
  Es una caja cerrada adaptada al transporte de muebles, electrodomésticos, mudanzas y otros productos de gran volumen que requieren protección, por lo que las paredes están acolchadas.

Esta clasificación recoge los semirremolques más comunes, pero existen otros muchos adaptados a distintos tipos de productos (peces vivos, vidrio industrial, etc.).

2.2 *Capacidad de carga de los vehículos*

En la normativa vigente se especifican los límites de peso y medidas máximas de los vehículos que circulan por carretera según su tipología. Si nos centramos en el vehículo articulado (tractora y semirremolque) de cinco ejes, por ser el más común en los transportes internacionales, resultan las siguientes medidas máximas:

---

[7] El Convenio ADR es el Convenio Internacional sobre el Transporte de Mercancías Peligrosas por Carretera. Fue suscrito en Ginebra en 1957, se actualiza cada dos años y puede consultarse en el sitio web del Ministerio de Fomento español (www.mfom.es).

- Longitud: 16,5 m.
- Altura: 4 m, incluida la carga.
- Anchura: 2,55 y 2,6 m para los frigoríficos de pared gruesa.
- Peso máximo: 40 t.

En el caso del tren de carretera (camión rígido más semirremolque), su longitud máxima es de 18,75 m.

La capacidad de carga de cada vehículo se indica en su ficha técnica y en sus placas de tara (peso del semirremolque vacío) y masa máxima autorizada. Así, los tráiler con peso máximo de 40 t suelen presentar un peso de la tractora de entre 7 y 8 t y otro del semirremolque vacío similar, por lo que suele tener una capacidad de carga para mercancía de 22 a 26 t (depende del semirremolque y de las características específicas de cada vehículo). En general, los fabricantes de tractoras y semirremolques tratan de rebajar los pesos de sus productos para ofertar vehículos que sean capaces de transportar mayor cantidad de mercancía.

En Europa no están armonizados todos los límites de peso y medidas, por lo que hay algunas diferencias. Además, existe una propuesta que constituye una variante al tren de carretera actual para permitir camiones de 25,25 m y hasta 60 t de carga (sistema modular europeo).[8] Supondrían ventajas como la reducción del número de camiones, su contaminación y la saturación viaria que provocan, pero obligaría a adaptar algunas infraestructuras.

Es conveniente, pues, especificar con claridad en la orden de carga los requisitos de capacidad de carga del vehículo, ya que existen grandes diferencias incluso entre vehículos similares. Por ejemplo, al contratar un semirremolque caja se producen variaciones importantes en la capacidad de carga entre un semirremolque de lona de los de mayor capacidad (34 europalés, con medidas internas de 13,6, 2,5 y 3 m, largo × ancho × alto, y un volumen de carga de hasta 102 m³) respecto a un frigorífico (33 europalés, de 13,4, 2,45 y 2,65 m, que proporciona un volumen de carga sobre los 87 m³). Si se desea transportar mercancía voluminosa, la lona permite cargar un 15 % más que el frigorífico, lo que supone un ahorro importante, sobre todo en cargas con precios muy ajustados.

Otra opción es dividir el semirremolque y crear dos pisos de carga para mercancía paletizada, lo que permite cargar en los semirremolques de medidas más comunes el doble de palés (66 o 68 europalés o 52 isopalés, según el caso).

2.3   *Carga, estiba y sujeción de la mercancía*

Cuando la mercancía se encuentra preparada para su transporte y hasta que éste se inicie, debe guardarse en los almacenes de la empresa en las condiciones que se requie-

---

[8] Para más información, véase el sitio en internet www.modularsystem.eu.

ran para una óptima conservación (temperatura, luz, humedad, etc.). Cuando precisa permanecer a una determinada temperatura, es conveniente que tanto la mercancía como el semirremolque la alcancen al menos media hora antes de cargar el vehículo y la conserven durante todo el transporte.

Cargar la mercancía consiste en colocarla sobre el vehículo de transporte y estibarla en su disposición óptima para garantizar un transporte seguro y eficiente, aprovechando al máximo el espacio. En la carga paletizada estas operaciones conforman un solo proceso que se realiza mediante medios mecánicos (transpalés, carretillas, etc.) en los muelles de carga de los almacenes, hasta donde los camiones suelen pegar la parte trasera del semirremolque (existen procesos de carga lateral y otras posibilidades en función de la mercancía: graneles, gases, etc.).

DISPOSICIÓN DE LOS PALÉS PARA OPTIMIZAR EL ESPACIO DE LOS VEHÍCULOS

Disposición de 34 europalés en semirremolque lona de mayor capacidad.
Longitud interna del semirremolque: 13,6 m; anchura: 2,5 m

Tractora																	
	1	3	5	7	9	11	13	15	17	19	21	23	25	27	29	31	33
	2	4	6	8	10	12	14	16	18	20	22	24	26	28	30	32	34

Disposición de 26 isopalés en semirremolque lona de mayor capacidad.
Longitud interna del semirremolque: 13,6 m; anchura: 2,5 m. 26 isopalés

Tractora													
	1	3	5	7	9	11	13	15	17	19	21	23	25
	2	4	6	8	10	12	14	16	18	20	22	24	26

Disposición de 33 europalés en semirremolque frigorífico.
Longitud interna del semirremolque: 13,4 m; anchura: 2,45 m (también carga 26 isopalés).
También se usa una disposición alternativa de 15 filas de 2 europalés y una última de 3 europalés

Tractora											
	1	4	7	10	13	16	19	22	25	28	31
	2	5	8	11	14	17	20	23	26	29	32
	3	6	9	12	15	18	21	24	27	30	33

Figura 5.5. Optimización del espacio del vehículo mediante una correcta disposición de los palés.

Caso práctico

Optimización del espacio del vehículo

En este caso, se expone la aplicación práctica de los aspectos analizados desde el inicio del capítulo (preparación de la carga y uso de los vehículos).

Una empresa fabricante de productos de alimentación dispone en su catálogo de una leche en polvo que se comercializa en un envase circular de 6 cm de radio y 24 cm de alto, medidas debido a las cuales gran parte de la caja de 6 botes de leche transporta aire. La situación de partida es que cada caja de 6 botes mide 38 cm de largo, 25 de ancho y 25 de alto, lo que permite disponer 9 cajas en cada piso de un europalé sin optimizar su área de carga (dejando huecos entre las cajas). La inestabilidad de la carga no permite paletizar más de 9 pisos por europalé.

La empresa rediseña el envase circular transformándolo en envase rectangular (con esquinas redondeadas para su fácil uso por el consumidor) de 14 cm de largo, 9 de ancho y 19 de alto. Este cambio permite envasar botes de 40 × 30 × 20 cm (largo × ancho × alto) con los que ahora es posible ocupar todo el espacio del europalé; además, al aportar mayor seguridad se pueden paletizar 12 pisos por europalé (con una altura similar). En la tabla 5.3 se puede analizar la comparación.

	Medida bote	*Caja de botes*	*Piso o camada*	*Número de pisos*	*Europalé**
Opción inicial	Bote circular de 24 cm de alto y radio de 6 cm, 800 g	Caja de 6 botes 38 × 25 × 25 cm 5 kg	9 cajas × 6 botes = 54 botes	9 81 cajas	486 botes = 9 pisos × 54 botes 410 kg Altura: 240 cm
Opción optimizada	Bote rectangular de 14 × 9 × 19 cm, 800 g	Caja de 8 botes Caja de 40 × 30 × 20 cm 6,6 kg	8 cajas × 8 botes = 64 botes	12 96 cajas	768 botes = 12 pisos × 64 botes 633,6 kg Altura: 255 cm

*Incluye sus 15 cm de altura y el peso del embalaje: 5 kg.

Tabla 5.3. Optimización mediante el rediseño del envase y embalaje de un producto.

Con el rediseño del envase ha aumentado la cantidad de producto que se transporta en cada europalé. Si, además, se contratan vehículos de máxima capacidad de carga (34 europalés frente a 33), entonces se apreciará el ahorro de costes en el transporte. Partamos de un transporte a Alemania que tiene un coste de 3.000 €:

- *Opción inicial:* 33 europalés × 486 botes = 16.038 botes. Coste por bote: 18,70 cts.
- *Opción optimizada:* 34 europalés × 768 botes = 26.112 botes. Coste por bote: 11,48 cts.

La diferencia supone casi un 40 % de ahorro en el coste del transporte del producto. Un ahorro que se puede extrapolar a toda la cadena logística: almacenaje, punto de venta, etc.

Los movimientos y las fuerzas que se generan durante el transporte hacen conveniente sujetar la mercancía en el semirremolque mediante elementos de trincaje que reduzcan los efectos negativos que puedan producirse (vuelcos, aplastamientos, etc.). La carga paletizada suele sujetarse mediante barras telescópicas que se colocan en sentido vertical y horizontal. Además, en función de la mercancía, existen multitud de dispositivos que ayudan a fijarla: raíles, cinturones de amarre (trinquetes), cadenas, eslingas, tensores de cadena (para mercancía muy pesada), cuerdas, bolsas estibadoras, separadores de carga, esteras de fricción, redes, etc.

2.4   Optimización del espacio de los vehículos

La optimización del espacio de carga de los vehículos es un elemento fundamental que ahorra costes de transporte. En función del tipo de mercancía y de su presentación, debe estudiarse la manera de aprovechar todo el espacio de carga hasta completarlo por peso o volumen sin exceder los límites legales.

En la carga paletizada las disposiciones de los palés en el semirremolque están optimizadas, pues los semirremolques y los palés se hacen a medida para optimizar su uso combinado. En los tráiler con caja de mayor tamaño, sus medidas internas máximas (los hay con menor capacidad) permiten cargar hasta 34 europalés y 26 isopalés. En la versión frigorífico, el ancho de los paneles isotermos y el equipo de frío reducen la capacidad de carga a 33 europalés. Las disposiciones más comunes se presentan en la figura 5.5.

3   Optimización de los costes internos del operador de transporte

3.1   Gestión de costes. Costes fijos y variables. Costes directos e indirectos

El transporte por carretera es un sector muy competitivo, de modo que las empresas cargadoras utilizan el factor precio como elemento clave para elegir a los transportistas, lo cual obliga a éstos a ajustar sus precios. Aunque el cargador valora también otros elementos (flota propia, calidad del servicio, experiencia de la empresa, control sobre el envío, etc.), en última instancia, ante dos servicios similares, opta por el más económico.

Por otra parte, la oferta de transporte por carretera, atomizada y fragmentada, está configurada en su mayor parte por empresas de tamaño reducido, sobre todo autónomos, que junto al alto grado de intermediación provoca que, en muchas ocasiones, se realicen servicios de transporte por un precio cercano a su coste o incluso, por desconocimiento o necesidad, por debajo del mismo. La presión a la baja en los precios es mayor cuando la oferta de camiones se incrementa (problema tradicional del sector en España) y cuando el tipo de servicio es menos específico.

La empresa de transporte ha de conocer sus costes como herramienta básica para ofrecer un precio adecuado (y actualizarlo, por ejemplo, en función de una previsible subida del coste del gasóleo),[9] controlar la evolución de los mismos y corregir sus posibles desviaciones.

Una de las debilidades del sector del transporte es la atomización de sus empresas, lo cual impide en muchas ocasiones, ante la falta de estructura, utilizar criterios empresariales e invertir en programas de gestión y control de costes, tecnologías aplicadas a la gestión de la flota, optimización de rutas, etc. La falta de un control de costes en la empresa impide aplicar criterios racionales en relación con los mismos y conocer el mínimo precio que ofrece rentabilidad en un servicio.

A continuación, comentamos los principales aspectos que hay que tener en cuenta en la gestión de costes, después analizamos el observatorio y el programa que la Administración pone al servicio del transportista aplicándolo en un caso práctico y, finalmente, planteamos criterios para optimizar los costes internos del operador de transporte.

3.1.1   Concepto y clasificación de los costes

Definimos «coste» como el consumo valorado en dinero de los bienes y servicios necesarios para la producción que constituye el objetivo principal de la empresa, la oferta y realización de servicios de transporte, en este caso. El coste tiene una magnitud técnica (unidades físicas consumidas para realizar el servicio, por ejemplo, litros de carburante) y otra económica (valoración en euros de los consumos técnicos, por ejemplo, el importe que resulta de multiplicar el número de litros consumidos por el precio del litro de gasóleo).

Clasificamos los costes en función de distintos criterios:

* **De la relación con el nivel de servicios: fijos y variables**

  Son *costes fijos* los que no dependen del nivel de actividad o servicios que realiza la empresa de transporte. Por ejemplo, el alquiler de la oficina donde se desarrolla el servicio de tráfico.

  Son *costes variables* los que varían cuando se produce un aumento o una disminución del nivel de actividad de la empresa. Por ejemplo, el consumo de gasóleo, pues a más servicios de transporte éste aumenta.

---

[9] La ley 15/2009 recoge en su artículo 38 la actualización del precio del transporte en función de la variación del gasóleo. Nada se indica al respecto en el Convenio CMR, pero es más que conveniente establecer una cláusula de actualización que relacione precio del servicio y evolución del coste del combustible (normalmente, el mismo que para el transporte nacional incrementado en relación con el mayor coste de un transporte internacional).

- **De la posibilidad de asociarlos a un servicio determinado: directos e indirectos**
  Los *costes directos* se pueden relacionar con un servicio, producto o centro de coste. Por ejemplo, el coste de carburante consumido por un vehículo o el coste de su seguro.

  Son *costes indirectos* los que no se pueden asociar a un servicio, producto o centro de costes. Por ejemplo, el sueldo del gerente de la empresa, que debe imputarse entre todos los servicios que realice ésta, aplicando mediante la contabilidad de costes o analítica un criterio con sentido económico (según la proporcionalidad entre costes directos e indirectos del histórico de la empresa, por kilómetro, por vehículo, etc.).

3.1.2 *Coste de explotación y su utilidad*

El coste de explotación es el coste total de un servicio de transporte en el que se incluyen sus costes directos e indirectos (ya imputados) o, según la otra clasificación, los costes fijos y variables de dicho servicio.

Coste de explotación = Costes directos + Costes indirectos = Costes fijos + Costes variables

La determinación y el control del coste de explotación de un servicio o propuestas de contrato permiten a la empresa:

1. Determinar el precio del servicio de transporte (añadiendo al coste de explotación el margen de beneficio).
2. Actualizar el precio del servicio ante las evoluciones de los costes. Un control adecuado de las partidas de coste y su evolución permite conocer, por ejemplo, cómo afectan a la empresa las variaciones en el coste del combustible y trasladarlas al precio de venta para asegurar el mantenimiento de la rentabilidad; también da la posibilidad de ofrecer un precio más competitivo ante una rebaja en los costes.
3. Establecer una previsión sobre el beneficio de la empresa y analizar las causas de su posible desviación.
4. Analizar la conveniencia de externalizar un proceso o servicio comparando los costes internos de su producción con el de su contratación externa, por ejemplo, las reparaciones y el mantenimiento de los vehículos.
5. Analizar la situación de la empresa en relación con la media del sector o tipo de servicio que ofrece para identificar fortalezas y debilidades.

3.1.3 *Elementos de un coste de explotación*

Los costes directos asociados a un vehículo se pueden dividir, a su vez, en variables y fijos:

- **Costes variables**
  Se relacionan con la utilización del vehículo y los principales son:

  - *Consumo de gasóleo.* Constituye aproximadamente el 30 % de los costes variables de un vehículo pesado (articulado o tren de carretera). Es previsible una subida continuada del coste del gasóleo como consecuencia de la reducción de las reservas mundiales, el aumento de su consumo en el mercado internacional y la fiscalidad aplicable. Durante 2010, el precio del gasóleo se incrementó en un 22 %. Muchas empresas invierten en programas de conducción eficiente que permiten ahorrar hasta un 15 % de consumo. El consumo depende, entre otros factores, del peso de la carga, el tipo de conducción, la velocidad, la orografía, etc.
  - *Neumáticos.* Depende del estado del firme y el tipo de conducción.
  - *Conservación y reparación.* Costes derivados de las reparaciones que haya que efectuar en el vehículo.
  - *Mantenimiento.* En muchas ocasiones, se plantea la alternativa de un servicio externo frente al propio.
  - *Peajes.* Es uno de los costes con mayor incidencia en los recorridos internacionales. La euroviñeta y los costes por compensación del uso de la infraestructura tendrán cada vez más peso en el transporte internacional, influyendo en las rutas, la flota (los vehículos más nuevos pagan menos peaje), etc.

- **Costes fijos**
  No tienen una relación directa con el mayor o menor número de servicios que realiza el vehículo:

  - *Impuestos.* Entre otros, se aplican el impuesto sobre vehículos de tracción mecánica, la inspección técnica de vehículos, visado (coste bianual), revisión de tacógrafo y otros.
  - *Seguros.* Además del seguro obligatorio, los transportistas suelen contratar otros seguros para cubrir los riesgos de daños a la carga de que resulten responsables según el Convenio CMR e incluso mayores coberturas (véase el capítulo 4).
  - *Gastos financieros.* Los generados por el pago de intereses generados por la financiación externa.
  - *Amortización.* Supone dotar anualmente de fondos para poder reponer los vehículos y medios de producción de la empresa al finalizar su vida útil.
  - *Costes de personal.* Se incluyen los salarios, dietas de los conductores, etc.

Al total de costes directos debe añadirse, aplicando un criterio económico, la parte de costes indirectos o costes de estructura que se imputen a cada vehículo. Los costes indirectos dependen de cada empresa y están relacionados con los sueldos del personal no dedicados a la conducción, oficinas, comercialización, tráfico, etc. Un trabajador autónomo tendrá unos costes indirectos pequeños y una gran empresa tendrá un importe mayor para repartir, por ejemplo, entre el total de vehículos que posea.

La suma de costes directos e indirectos constituye el coste de explotación al que se le suma el margen o beneficio para obtener el precio de venta del servicio.

3.1.4 *Registro de los costes de un servicio de transporte*

La empresa de transporte debe llevar un registro de los costes que le supone la realización de sus servicios de transporte para poder establecer precios. Proponemos a continuación una herramienta sencilla de registro de costes por viaje que se puede denominar «Registro de costes por servicio», «Parte de viaje» o similar, cuyo objetivo es que la empresa registre los costes directos relacionados con cada servicio de transporte. Cada empresa debe adaptar la recogida de datos y, por tanto, el instrumento para su registro, adecuándola a su estructura de costes real (por ejemplo, desglosando el coste de gasoil del equipo de frío, segundo conductor, etc.).

A estos costes hay que añadir los costes indirectos para hallar el coste de explotación y sobre el mismo poder determinar el precio del servicio que se oferta.

3.2 *Observatorio de costes del Ministerio de Fomento*

En el sitio web del Ministerio de Fomento[10] se puede descargar el Observatorio de costes del transporte de mercancías. Éste constituye un instrumento de comparación e información para las empresas de transporte que trata de fomentar la transparencia en las relaciones entre cargador y porteador, mediante la presentación de los costes anuales directos tipo de los 15 vehículos de transporte por carretera más comunes.

El observatorio, que se actualiza cada tres meses, trata de orientar a los intervinientes en la contratación de los servicios de transporte de mercancías por carretera (transportistas, cargadores y operadores de transporte), en la determinación de la influencia que los costes deben representar en las condiciones económicas de los contratos de transporte. Así se presenta, además de los costes directos de cada vehículo tipo, su coste por kilómetro y su evolución anual, la influencia de la variación del combustible, etc.

---

[10] Se encuentra en www.mfom.es, dentro de «Transporte Terrestre» en «Servicios al transportista» y después en «Observatorios del transporte».

REGISTRO DE COSTES POR SERVICIO	
Número de viaje:	Fecha y hora de llegada:
Conductor:	Total días:
Tractora:	Kilómetros a la llegada:
Semirremolque:	Kilómetros a la salida:
Fecha y hora de salida:	Total km recorridos:

Operaciones y servicios realizados

Fecha viaje: CMR número:	Origen y destino: Kilómetros:	Cliente/Precio:
Fecha viaje: CMR número:	Origen y destino: Kilómetros:	Cliente/Precio:
Fecha viaje: CMR número:	Origen y destino: Kilómetros::	Cliente/Precio:
Fecha viaje: CMR número:	Origen y destino: Kilómetros:	Cliente/Precio:

Coste de carburante

Fecha	Estación de servicio	Kilómetros	Litros	Importe	Tarjeta usada
Fecha	Estación de servicio	Kilómetros	Litros	Importe	Tarjeta usada
Fecha	Estación de servicio	Kilómetros	Litros	Importe	Tarjeta usada
Fecha	Estación de servicio	Kilómetros	Litros	Importe	Tarjeta usada
Fecha	Estación de servicio	Kilómetros	Litros	Importe	Tarjeta usada

Importe entregado en metálico al conductor al inicio del viaje para carburante: €

Costes de embarque				Costes de autopista/peajes			
Tipo: ferry/eurotúnel	País	Fecha	Importe/tarjeta	Fecha	Lugar	Importe	Tarjeta

Otros costes/dietas del chófer

Fecha	Concepto	Importe
Fecha	Concepto	Importe
Fecha	Concepto	Importe

Importe entregado a cuenta por dietas:	€
Suma de costes totales:	€
Firma del conductor:	Registrado por la empresa en fecha:

Figura 5.6. Modelo de hoja de registro de costes por servicio de transporte.

El observatorio constituye una referencia para las empresas que, por su pequeño tamaño u otras causas, tienen dificultades para gestionar y realizar un estudio de sus costes. Presenta los costes medios nacionales que la explotación de un vehículo genera a una empresa de transporte de mercancías tipo en España (la media nacional).

No incluye los costes indirectos, pues dependen de la estructura y el tamaño de cada empresa y, por tanto, son muy variables.

3.3 *Cálculo de costes y precios mediante el programa Acotram. Caso práctico*

El programa informático Acotram (Asistente para el Cálculo de Costes del Transporte de Mercancías por Carretera) que el Ministerio de Fomento pone a disposición de los usuarios[11] es muy sencillo. Permite a las empresas de transporte conocer sus costes por kilómetro y, basándose en éste, determinar los precios que puede ofertar por sus servicios.

El programa permite comparar, además, una vez introducidos, los costes reales de una empresa con la media nacional, pues incluye por defecto los datos del Observatorio de costes del transporte de mercancías del último trimestre.

Una vez que se ha instalado, el programa permite crear un «Nuevo cálculo», es decir, introducir los datos relativos a los costes anuales de un vehículo de la empresa (se puede elegir entre 15 vehículos tipo). Estos datos son los que la empresa tenga de la serie de datos históricos (datos reales de coste de combustible, peajes, neumáticos, impuestos, personal, costes indirectos, etc., usando herramientas de registro de costes como la que proponemos en la figura 5.6), así que permiten obtener un cálculo personalizado. De esta manera, el programa prorratea todos los costes entre el total de kilómetros recorridos con y sin carga.

Toda empresa debe llevar un registro contable de los costes, y para ello proponemos un modelo de ficha que recoge los costes de cada servicio de transporte. Por medio del registro de estas fichas, la empresa dispondrá de una base de datos históricos relacionados con sus vehículos y sus costes específicos, y ello le permitirá calcular sus costes por vehículo y, en última instancia, por kilómetro recorrido como base para determinar el precio de un servicio.

También es posible acceder a un archivo ya creado (estructura de costes de un vehículo) para modificar alguno de los costes que lo componen, por ejemplo, cuando suba el combustible. De esta manera, el programa calcula el nuevo coste por kilómetro con la actualización de costes.

Para crear la estructura de coste de un vehículo (cálculo personalizado) es preciso introducir todos los datos que pide el programa y que se reparten en seis apartados: costes fijos, apartados 1 y 2 (datos sobre precio del vehículo, financiación, etc.), costes fijos, apartado 3 (personal, seguros e impuestos), costes variables (gasóleo, neumáticos, peajes, etc.) y costes indirectos.

El apartado final, donde se muestran los resultados, ofrece el coste por kilómetro con carga al que se debe sumar el beneficio esperado para calcular el precio del servicio que se quiere ofertar.

---

[11] Se encuentra en www.mfom.es, dentro de «Transporte Terrestre» en «Servicios al transportista».

Caso práctico

La tabla 5.4 muestra los datos de costes reales de que dispone una empresa de transporte con un vehículo articulado de carga general.

Características de explotación del vehículo	**Seguros**
– Kilómetros anuales recorridos: 126.000 – 88 % de kilómetros recorridos con carga	– Seguro de responsabilidad civil del vehículo tractor: 2.000 € – Seguro de responsabilidad civil del semirremolque: 600 € – Seguro de responsabilidad civil de la mercancía: 300 € – Seguro de accidente del conductor: 100 € – Seguro de retirada del carné de conducir: 100 € – Seguro de la mercancía: 500 € – Seguro de daños propios (a todo riesgo): 2.800 €
Costes fijos 1 – Precio de compra sin IVA de la cabeza tractora: 91.000 €. Descuento sobre la tarifa: 12 % – Vida útil: cinco años – Valor residual: 15 %. – Capital para financiar: 72 % – Período de financiación: cinco años – Interés anual de financiación conseguido por la empresa: 4,2 % – Elementos reseñables en el carrozado de la tractora: equipo de localización GPS 900 € – Vida útil: cinco años. No se tiene en cuenta valor residual. Se paga al contado	**Costes fiscales** – Visado: 30 € – ITV: 75 € – Según la actual legislación sobre el IAE, la empresa está exenta de su pago – IVTM, la tarifa aplicada es 375 € – Revisión de tacógrafo: 40 €
Costes fijos 2 – El semirremolque se compró por un precio de tarifa de 24.000 €, más IVA. Descuento del 9 % – Vida útil: diez años. Valor residual: 10 % – Paga al contado al 40 %, el resto lo financia a cuatro años al mismo interés que la cabeza tractora – El semirremolque no cuenta con equipos auxiliares a efectos de contabilidad de costes	**Costes variables** – Precio del carburante: 1,10 €/l. (Descuento que se aplica sobre el precio 2 cts.) – Consumo medio del vehículo: 37 l a los 100 km – El precio unitario de los neumáticos (cualquier posición) es 500 € y su duración 150.000 km – La empresa tiene un contrato de mantenimiento a razón de 0,013 €/km – El coste de las reparaciones se sitúa en 0,03 €/km – El coste de los peajes es de 1.200 € al año
Costes fijos 3 Personal – Coste total anual del conductor: 22.000 € – Dieta diaria del conductor: 45 €. Días con dieta al año: 210 – Plus de actividad: 0,05 €/km	**Costes indirectos (correspondientes a este vehículo)*** – Coste anual de estructura de la empresa: 3.000 € – Coste anual de comercialización: 1.000 € – Otros costes indirectos anuales: 500 €

*Los costes indirectos de la empresa se reparten en tres partidas: coste anual de estructura: 120.000 € (sueldos del gerente y personal para gestión de tráfico, y gastos de electricidad, agua, alquileres, teléfono, fax…), coste anual de comercialización: 40.000 € (sueldo del agente comercial y otros gastos) y otros costes indirectos anuales: 20.000 €.

Tabla 5.4. Datos sobre los costes reales de un vehículo articulado general para introducir en el programa Acotram a fin de obtener un cálculo personalizado.

La empresa dispone de 40 vehículos con similares características y usados en las mismas condiciones, por lo que considera que la mejor forma de repartir los costes indirectos es a partes iguales entre todos los vehículos.

Una vez introducidos los datos, resulta un coste por kilómetro en carga de 1,077 € (frente a la media nacional, que se sitúa en 1,188, según el Observatorio de Costes de 31 de octubre de 2010).

Ahora supongamos que a mediados de febrero de 2010 el precio del gasóleo asciende a 1,25 €/l con un descuento de 2 cts. La empresa accede mediante el programa al cálculo personalizado del vehículo y actualiza este coste, resultando que tras esta operación el coste por kilómetro en carga pasa de 1,077 € a 1,131 €. A partir de los costes, la empresa añade su beneficio para ofertar precios al mercado.

Obviamente, este programa es muy sencillo y las empresas de mayor volumen disponen de programas de gestión de costes mucho más detallados que les permiten realizar más aplicaciones (estudio de desviaciones, etc.). Sin embargo, todos los programas responden a la misma filosofía operativa que hemos expuesto.

3.4   Criterios de reducción de costes para aplicar por el transportista

Los siguientes criterios, procesos y técnicas de optimización ofrecen al transportista la posibilidad de reducir sus costes. En general, son más fáciles de aplicar en empresas de gran tamaño, pues pueden conseguir mejores condiciones en el mercado.

- **Minimizar los recorridos en vacío y el tiempo no dedicado al transporte**

  Es muy importante limitar los kilómetros que el vehículo circula sin carga (se estiman en un 15 % de media). Se puede lograr de diferentes maneras. Las aplicaciones de las tecnologías de la información y la comunicación, como la gestión de flotas, permiten optimizar los recorridos mediante un mejor control y localización de los vehículos.

  La empresa debe tratar de conseguir contratos con cargadores tanto para la ida como para el retorno que proporcionen cargas de forma estable (por ejemplo, mediante *tenders)* a unos precios suficientes; así, gana en competitividad al poder ajustar los precios de salida hacia el destino en otro país (cuando no se tiene la seguridad de conseguir retorno se tiende a aplicar un precio mayor al viaje inicial, lo cual tiende a encarecer los productos que se exportan). Para contrataciones puntuales, las bolsas de carga en internet ofrecen amplias posibilidades.

  También es importante acordar con el cargador los detalles relativos a la hora de carga y descarga y, en su caso, la realización de estas operaciones y su compensación. De esta manera, se evita o reduce el tiempo perdido por adelantar la llegada del vehículo al almacén.

- **Reducir el coste de combustible**

  Se debe buscar el mejor precio posible del gasóleo aprovechando las ventajas que ofrecen las redes de servicio a los transportistas, estaciones de servicio de las asociaciones profesionales, surtidor propio, etc. Es importante determinar el precio del combustible en los distintos países del recorrido y organizar los repostajes dando instrucciones precisas a los conductores sobre dónde repostar en cada caso (clasificación de precios por países, cuánto repostar al pasar entre países según rutas, tarjetas de combustible, etc.).

  Por otra parte, hay que minimizar el consumo de combustible y para ello es muy importante conocer cómo realizar una conducción eficiente, pues permite ahorrar hasta un 15 % de consumo, así como asignar el vehículo en función de la ruta (a la ruta más larga conviene el vehículo de menor consumo, a un itinerario con peajes en función de las emisiones de CO_2 el vehículo que menos contamina, etc.). La localización con GPS y su ayuda en la conducción también permiten ahorrar trayectos innecesarios.

- **Diseño óptimo de la ruta**

  En función del servicio contratado y sus parámetros (origen y destino, plazo, posibilidad de elección entre rutas, peajes, etc.), se debe diseñar la ruta que minimice el coste de transporte y, al mismo tiempo, permita cumplir con los requisitos pactados en el contrato de transporte. Así, un mismo servicio desde el levante español hasta Alemania puede hacerse en un plazo de entre 3 y 4 días; sin embargo, si el plazo de entrega son tres días, la empresa se verá obligada a apurar los tiempos de conducción del conductor (puede conducir dos días de los seis semanales hasta un máximo de diez horas, el resto de días sólo nueve horas) y a hacerle circular continuamente por autopista. Se comercializan herramientas informáticas muy potentes que aportan sensibles mejoras.

  A continuación, exponemos algunas de las rutas más usuales desde España (a través de los pasos fronterizos con Francia de La Jonquera o Irún) hasta los principales mercados y destinos europeos:

  - La Jonquera, Perpiñán, Narbona, Béziers, Clermont-Ferrand, Bourges, Orleans, París, Arras, Lens y Calais (posible conexión con el Reino Unido por mar o eurotúnel en carretera o ferrocarril).
  - Irún, Burdeos, Angulema, Limoges, Gueret, Montluçon, Cahlon sur Saone, Beaune, Dole, Bensanzón, Belfort y Mulhouse.
  - La Jonquera, Perpiñán, Béziers, Montpellier, Nimes, Valence, Lyon, Dole, Langres, Toul, Nancy, Metz y Luxemburgo.
  - Irún, Burdeos, Poitiers, Tours, Le Mans, Rouán y Calais (posible conexión con el Reino Unido por mar o eurotúnel en carretera o ferrocarril).
  - La Jonquera, Perpiñán, Narbona, Montpellier, Nimes, Aix-en-Provence, Niza, Mónaco, Génova y Milán.

– Irún, Burdeos, Poitiers, Tours, Blois, Orleans, París, Senlis, Arras, Lille, Gent, Antwerpwn, Eindhoven, Duisburg y Dortmund.
– Irún, Burdeos, Poitiers, Tours, Blois, Orleans, París, Senlis, Cambrai, Valenciennes, Mons, Charleroi, Namur, Lieja, Aachen y Colonia.

- **Reducir el coste de los vehículos y su financiación**
  Al comprar mayor cantidad de vehículos y negociar hasta alcanzar el mejor precio del mercado se consiguen significativos descuentos (mayores si se utilizan centrales de compra). También es importante negociar para obtener el menor tipo de interés en la financiación de la compra de los vehículos o estudiar otras alternativas como el *renting*. Hay que considerar que la compra de vehículos nuevos aporta grandes ventajas, pues se reducen los costes de los peajes o euroviñeta (mayores para vehículos más contaminantes y menores para euro 4 y euro 5), los del consumo de carburante, así como los riesgos y costes derivados de las averías en carretera.

  Los programas de ayudas públicas para financiar la instalación de tecnologías aplicadas al transporte son habituales (gestión de flotas, GPS, etc.). La empresa debe aprovecharlos para reducir el coste de acceso a esta tecnología.

- **Minimizar el coste del seguro**
  En la medida en que se pueda ajustar la prima del seguro como consecuencia de una cobertura adecuada para el transporte que realiza la empresa (tipo de mercancía y riesgos afines), se conseguirán ahorros. Otra forma es negociar con los cargadores estables de manera que no se dupliquen los seguros (el del cargador y el del transportista) que cubran los riesgos de una misma mercancía.

- **Obtener ventajas en las condiciones de los contratos de transporte**
  El cargador suele tener mayor poder negociador, sin embargo, la empresa de transporte debe valorar sus servicios y tratar de mejorar algunas condiciones importantes, por ejemplo: establecer el plazo de cobro en 30 días, fomentar la transparencia y negociar cláusulas de actualización del precio ante variaciones del combustible, etc. También es importante acordar las condiciones del contrato y la resolución de sus controversias, por ejemplo, el pacto mediante cláusula en la carta de porte CMR de sometimiento expreso a una junta arbitral de transporte permite acceder de forma rápida y gratuita a la resolución de las posibles controversias.

- **Organizar el trabajo de los conductores y sus actuaciones**
  Los conductores son, junto a los vehículos y los clientes, el principal activo de la empresa. Elaborar planes de actuación y formación aportará sensibles mejoras: formación sobre el contrato de transporte y la forma de actuar ante determinadas situaciones (avisar a la empresa ante problemas con la carta de porte, comproba-

ciones sobre el estado de la carga, criterios de rechazo o formulación de reservas, intercambio de palés, temperatura, etc.), responsabilidad sobre el mantenimiento del vehículo para prevenir accidentes y averías (revisiones, presión de los neumáticos, frenos, nivel de aceite, luces, etc.), responsabilidad sobre la documentación para cumplir la normativa y evitar sanciones (tacógrafo, permisos, licencias, ITV, seguros o peajes), entre otras.

- **Optimizar la preparación de la carga y el uso de los vehículos**
  Se debe completar la capacidad de carga de los vehículos y fomentar el transporte de carga paletizada y su manipulación mecánica, pues ello permite en conjunto ahorrar costes en las operaciones y ganar en seguridad.

- **Ubicar la empresa en un centro de transporte**
  La instalación de la empresa en un centro de transporte permite ahorrar costes y obtener sinergias que ayudan a mejorar su competitividad (véase el capítulo 1).

- **Valorar las opciones relativas a la externalización**
  La empresa debe valorar mediante un adecuado control de costes los servicios que puede proporcionar con sus propios medios y aquellos que le conviene externalizar. También debe posicionarse en el mercado con un tamaño adecuado y óptimo para un nivel de demanda que le permita tener todos sus recursos ocupados la mayor parte del tiempo. En caso de tener temporadas de mayor demanda o repuntes ocasionales, debe valorar externalizar y subcontratar algunos servicios, ya que esta alternativa permite transformar costes fijos en variables y reduce el riesgo al no requerir inversión en activos fijos, por ejemplo, la alternativa entre taller propio o mantenimiento externo, surtidor, etc.
  Otra alternativa de externalización es recurrir a la intermodalidad como elemento optimizador en las cadenas de transporte internacional.

4   Optimización mediante la intermodalidad

La Unión Europa plantea una política de transporte enfocada hacia la intermodalidad para propiciar que se creen cadenas de transporte en la red transeuropea en las que cada modo aporte su mejor cualidad y se minimicen los costes (contaminación, congestión, etc.).

La carretera es el modo de transporte más utilizado y en el que se ha apoyado casi todo el crecimiento del transporte interior europeo en los últimos veinte años, lo que ha generado problemas de congestión, siniestralidad y contaminación que se quieren paliar mediante el trasvase de cargas de la carretera al transporte marítimo y el ferrocarril. Se trata de plantear una colaboración entre modos que permita un sistema de transporte eficaz y sostenible.

4.1 Razones para la intermodalidad

El transporte internacional por carretera es un modo de transporte ideal para trayectos de hasta 1.000 km, pero para mayores distancias existen otros modos más competitivos por distintas razones que orientan a la potenciación de la intermodalidad. Destacamos:

- **Coste del combustible**

  Se espera que a medio plazo se produzca una escalada de los precios internacionales del petróleo, entre otros motivos por el agotamiento gradual de las reservas y una mayor demanda de los países con economías emergentes. Estos factores configuran un escenario de subidas en el precio del gasóleo apoyado en la alta imposición y la dependencia energética del transporte por carretera (el 30 % de los costes directos de un vehículo pesado se deben a esta partida) que le restan competitividad ante otros modos menos dependientes.

- **Contaminación y eficiencia energética**

  El transporte por carretera emite 71 g de CO_2 por tonelada y kilómetro recorrido. El mismo dato se reduce a 40 en el transporte marítimo y a 18 en el ferrocarril eléctrico (35 en el diesel).

  En el sitio web de Ecotransit[12] se pueden comparar alternativas de transporte intermodal, su consumo energético y la contaminación que generan.

- **Congestión y costes de infraestructura (euroviñeta)**

  El transporte por carretera provoca la congestión de las redes viarias y conlleva costes de mantenimiento de dichas infraestructuras, lo cual ha motivado que los estados europeos tomen medidas para limitarlo. Los peajes constituyen la medida más común y con tendencia a generalizarse, hasta el punto que la Unión Europea ha optado por regularlos mediante la «euroviñeta».

  La Directiva 2006/38[13] regula el sistema de tasas o peajes a los camiones y se está aplicando en Alemania, Austria, Eslovenia, Chequia, Portugal. Con su entrada en vigor en Francia, supondrá un coste estimado de 300 € por camión pesado que cruce el país galo. La última modificación de la directiva se produjo en febrero de 2011 y supuso el incremento de 5 céntimos por kilómetro recorrido para compensar e internalizar los costes externos del ruido y la contaminación. Los vehículos menos contaminantes (euro 5, euro 6 o superior) están exentos

---

[12] Véase la web www.ecotransit.org.

[13] Directiva 2006/38/CE del Parlamento Europeo y del Consejo de 17 de mayo de 2006, por la que se modifica la Directiva 1999/62/CE, relativa a la aplicación de gravámenes a los vehículos pesados de transporte de mercancías por la utilización de determinadas infraestructuras

o pagan menos coste de peaje. Esta normativa cuenta con el rechazo frontal de los países periféricos, como España, pues supone un freno a la competitividad de sus productos en los mercados europeos.

- **Tiempos de conducción y otras restricciones**
  Las limitaciones en los tiempos de conducción y descanso y su registro mediante tacógrafo por razones de seguridad son cada vez mayores (se plantea ampliar su ámbito de aplicación a los vehículos de transporte de menos de 3,5 toneladas). Otras restricciones y diferencias en la normativa (velocidad, peso, conducción, requisitos de acceso al mercado, etc.) dificultan la libre competencia a escala europea.

- **Política europea de transportes**
  La Unión Europea trata de implantar un sistema de transporte armonizado, con mayor liberalización y con la intermodalidad como eje vertebrador de un sistema de transporte eficaz, eficiente y sostenible (así quedó plasmado en su Libro Blanco).[14]
  Un nuevo concepto asociado a la intermodalidad es la comodalidad. Consiste en hacer un uso óptimo de cada medio de transporte para desarrollar cadenas logísticas más eficientes y sostenibles.
  Algunos de los elementos de esta política son:

  - La Red Transeuropea de Transporte «RTE-T» o «TEN-T»
    Es una red compuesta por infraestructuras y por los servicios necesarios para su funcionamiento. Desde 2004, la componen 30 proyectos prioritarios con especial énfasis en infraestructura de transporte ferroviario y marítimo. En 2010, se ha estructurado la red en dos niveles: global y básica (que incluirá los ejes y nodos de importancia estratégica y donde España incluye, por ejemplo, el corredor mediterráneo).

  - Liberalización y mayor competencia de los transportes
    Por un lado, se ha abierto a la competencia el transporte por ferrocarril y, por otro, se están tratando de armonizar algunas políticas referentes a otros modos de transporte (marítimo y carretera).

  - Revitalización del ferrocarril
    Mediante su liberalización, se prevé la mejora de las infraestructuras y sus conexiones a escala europea e internacional.

---

[14] *Libro Blanco - La política europea de transportes de cara a 2010,* publicado en 2001. En 2011 se presentó el nuevo Libro Blanco que incluye las políticas y estrategias que se deben implantar en la Unión Europea en el período 2011-2020.

    – Fomento de la intermodalidad

Se pretende crear un sistema en el que mediante la red transeuropea de transporte intervengan de forma eficiente los distintos modos generando cadenas logísticas multimodales eficientes y sostenibles.

Planteamos a continuación las alternativas entre el uso exclusivo del transporte por carretera y su combinación con el transporte marítimo y el ferrocarril.

4.2 Combinación carretera-marítimo

4.2.1 Transporte marítimo de corta distancia

El transporte marítimo de corta distancia (TMCD) es un transporte de mercancías por mar entre puertos europeos y entre puertos situados en Europa y puertos de terceros países ribereños de uno de los mares cerrados que sirven de frontera a Europa. El concepto incluye los tráficos interoceánicos, y tanto el transporte nacional como internacional.

En el transporte marítimo se incluye todo tipo de cargas y mercancías, así como el transporte de pasajeros. Se considera una de las vías de solución a algunos de los problemas que presenta el transporte por carretera.

Entre las modalidades de transporte marítimo de corta distancia y su combinación con la carretera se encuentra, por ejemplo, la alternativa de transporte combinado carretera y contenedor (en trayecto marítimo) para acceder a los mercados europeos. Las medidas de los semirremolques europeos con capacidad de carga refrigerada de 33 europalés y la necesidad de su combinación vía marítima, han generado la creación de contenedores denominados *palletwide*, muy utilizados en el entorno europeo, que permiten cargar el mismo número de palés (a diferencia de los contenedores marítimos ISO, más estrechos) que los semirremolques de carretera (33 en frigoríficos o 34 en vehículos caja).

Así, por ejemplo, cargas refrigeradas de productos perecederos del Levante español se transportan en camión frigorífico hasta puertos del norte de España, donde se trasbordan a contenedores europalé de 45 pies,[15] en los que se transportan por vía marítima hasta los puertos del norte de Europa y, finalmente, hasta el domicilio del cliente. Esta opción es más económica, aunque supone un plazo de transporte de entre siete y ocho días, frente a los tres o cuatro del transporte exclusivo por carretera, por lo que esta alternativa se utiliza para productos perecederos con vida útil más larga, por ejemplo el brócoli.

---

[15] Para ampliar la información sobre estos contenedores visite el sitio web www.unit45.com/es.

4.2.2   Las autopistas del mar

En Europa han proliferado las congestiones en las carreteras y los efectos perniciosos de una excesiva dependencia de este modo de transporte. En el año 2001, en el Libro Blanco se introdujo por primera vez el concepto de «autopistas del mar» como conexión marítima para evitar la congestión terrestre en puntos determinados (Alpes, Pirineos y Benelux).

En 2004, se redefinió este concepto y se caracterizó como un corredor multimodal que incorpora los puertos, sus accesos terrestres y un tramo de transporte marítimo de corta distancia. Así, las autopistas del mar permiten el desarrollo de transportes puerta a puerta en mejores condiciones de tiempo y coste que el tradicional transporte por carretera.

Básicamente, hay dos modalidades de autopista del mar: sólo embarcar el semirremolque o embarcar el conjunto completo (semirremolque y cabeza tractora, opción más adecuada cuando el trayecto marítimo es muy corto, por ejemplo, para atravesar el Canal de la Mancha).

4.2.3   La asociación española de promoción del TMCD

La Asociación[16] tiene el objetivo de fomentar las cadenas competitivas de transporte multimodal en las que interviene el modo marítimo. Para ello, informa a cargadores y porteadores de las posibilidades de este tipo de transporte (servicios disponibles y potenciales), identifica y analiza sus problemas, elabora informes sobre el mismo e impulsa alianzas que fomenten el desarrollo de estas cadenas de transporte intermodal.

4.2.4   Comparativa de opciones combinada y tradicional. Casos con éxito

Desde y hasta España operan múltiples servicios de transporte intermodal marítimo-carretera mediante distintas autopistas del mar. Los tráficos de expedición suelen concentrarse en los puertos del Cantábrico, para acceder a los puertos del norte de Europa y el Reino Unido, y en los puertos del Mediterráneo para acceder a la costa francesa, italiana o africana.

De esta manera, un camión con mercancía cargada en la puerta de un cliente expedidor en Albacete puede realizar un primer tramo hasta el puerto de Valencia y desde allí embarcar hasta el puerto de Livorno (Italia), desde donde realizará un segundo tramo de carretera hasta Florencia, domicilio del destinatario comprador. Esta alterna-

---

[16] Para más información visite el sitio www.shortsea.es.

tiva puede ofrecer menores costes y duración que la tradicional opción de transporte exclusivamente por carretera.

Exponemos a continuación algunas alternativas basándonos en los datos extraídos del simulador de costes que presenta en la pestaña «servicios» el sitio web de la Asociación Española de Promoción del TMCD.

Caso 1. Madrid - Roma (Italia)*		
PARÁMETROS DE LA ALTERNATIVA SÓLO CARRETERA		
Precio por kilómetro: 1 €	Velocidad media: 65 km/hora	
PARÁMETROS DE LOS TRAMOS TERRESTRES DE LA ALTERNATIVA TMCD		
Precio por kilómetro del acarreo de origen: 0,9 €	Precio por kilómetro del acarreo en destino: 1 €	
Mercancía específica: no		
Resultado de la comparativa:		
a) Opción sólo carretera:		
Coste: 1.966 €	Duración: 65,5 horas	Distancia: 1.966 km
b) Opción de transporte intermodal con transporte marítimo:		
Coste: 1.300 €	Duración: 31 horas	Distancia: 1.525 km
Puertos de origen y destino: Barcelona-Civitavecchia		
Operador marítimo: Grimaldi	Frecuencia: Diaria	

Caso 2. Sevilla - Manchester (Reino Unido)*		
PARÁMETROS DE LA ALTERNATIVA SÓLO CARRETERA		
Precio por kilómetro: 1 €	Velocidad media: 65 km/hora	
PARÁMETROS DE LOS TRAMOS TERRESTRES DE LA ALTERNATIVA TMCD		
Precio por kilómetro del acarreo de origen: 0,9 €	Precio por kilómetro del acarreo en destino: 1 €	
Mercancía específica: no		
Resultado de la comparativa:		
a) Opción sólo carretera:		
Coste: 2.560 €	Duración: 86 horas	Distancia: 2.560 km
b) Opción de transporte intermodal con transporte marítimo:		
Coste: 1.995 €	Duración: 55 horas	Distancia: 2.210 km
Puertos de origen y destino: Santander-Portsmouth		
Operador marítimo: Brittany Ferries	Frecuencia: 2 por semana	

Caso 3. Bilbao - Bremen (Alemania)*	
PARÁMETROS DE LA ALTERNATIVA SÓLO CARRETERA	
Precio por kilómetro: 1 €	Velocidad media: 65 km/hora
PARÁMETROS DE LOS TRAMOS TERRESTRES DE LA ALTERNATIVA TMCD	
Precio por kilómetro del acarreo de origen: 0,9 €	Precio por kilómetro del acarreo en destino: 1 €
Mercancía específica: no	
Resultado de la comparativa:	
a) Opción sólo carretera:	

Coste: 1.692 €	Duración: 50 horas	Distancia: 1.692 km

b) Opción de transporte intermodal con transporte marítimo:		
Coste: 1.688 €	Duración: 67 horas	Distancia: 1.870 km
Puertos de origen y destino: Bilbao-Zeebrugge		
Operador marítimo: Transfennica	Frecuencia: 4 por semana	

Caso 4. Lugo - Utrech (Holanda)*	
PARÁMETROS DE LA ALTERNATIVA SÓLO CARRETERA	
Precio por kilómetro: 1 €	Velocidad media: 65 km/hora
PARÁMETROS DE LOS TRAMOS TERRESTRES DE LA ALTERNATIVA TMCD	
Precio por kilómetro del acarreo de origen: 0,9 €	Precio por kilómetro del acarreo en destino: 1 €
Mercancía específica: no	
Resultado de la comparativa:	
a) Opción sólo carretera:	

Coste: 1.883 €	Duración: 64 horas	Distancia: 1.883 km

b) Opción de transporte intermodal con transporte marítimo:		
Coste: 1.719 €	Duración: 36 horas	Distancia: 1.650 km
Puertos de origen y destino: Gijón-St. Nazaire		
Operador marítimo: GLD Atlantique	Frecuencia: 3 por semana	

* Estas tablas presentan, a modo de ejemplo, los datos relativos a la comparación de alternativas entre algunos itinerarios. Para obtener una información actualizada (los fletes y costes de transporte varían en función del mercado, coste del gasóleo, etc.) debe consultarse el simulador del sitio web de la Asociación Española de Promoción del TMCD, www.shortsea.es.

4.2.5 *Ventajas e inconvenientes del TMCD frente a la carretera*

Al analizar las alternativas, se demuestra que para determinados trayectos el transporte intermodal carretera-marítimo puede ofrecer mejores resultados. No obstante, estas alternativas no son adecuadas para todas las operaciones ni se adaptan a los requisitos de todos los envíos y cargadores. Queda mucho camino por recorrer e inversiones por realizar para que las alternativas intermodales resulten atractivas para una mayor cuota de mercado mediante la colaboración con los transportistas de carretera. Vamos a analizar sus ventajas e inconvenientes.

- **Ventajas:**
  1. Transporte más eficiente, con menores costes externos y menos contaminante al aprovechar el menor consumo energético del tramo marítimo.
  2. Reducción de la siniestralidad y mayor seguridad en el transporte.

- **Inconvenientes:**
  1. Menor flexibilidad y adaptación a los requerimientos de cada servicio.
  2. Dependencia de la frecuencia establecida por la línea marítima y de la adecuada oferta de servicios para poder realizar la operación.
  3. Lentitud en el servicio y en las gestiones documentales en los puertos, que debe reducirse. Los cargadores reclaman mayor agilidad portuaria para que la alternativa intermodal sea más competitiva.

Por estas razones, por la escasa oferta real en el mercado y porque el transporte por carretera permite organizar los servicios con total independencia y adaptación a las necesidades de cada envío (producto urgente, perecedero, etc.), los cargadores siguen recurriendo en mayor medida a la tradicional alternativa de sólo carretera. Sin embargo, para determinados tráficos que pueden adaptarse a la oferta existente, la opción intermodal presenta algunas ventajas competitivas sobre la carretera.

4.3 *Combinación carretera-ferrocarril*

La revitalización del ferrocarril es otro de los pilares de la política europea de transporte. En las últimas décadas, se ha llevado a cabo un proceso de liberalización y apertura a la competencia («paquetes ferroviarios» de 2001, 2004 y 2007) para fomentar su desarrollo. Es un modo de transporte con enormes posibilidades que, no obstante, ha reducido su participación modal en Europa. De hecho, desde la década de 1970 su cuota de participación ha pasado del 21,1 al 10,8 %. En España, la cuota se acerca al 3 %.

Estas cifras se deben a algunos de los problemas que presenta el ferrocarril: los diferentes anchos de vía europeos, la tradicional gestión pública orientada al servicio de pasajeros frente a la carga y la necesidad de efectuar fuertes inversiones en infraestructura y medios de transporte. Sin embargo, en la actualidad, parece haber calado el mensaje de que el ferrocarril representa una opción interesante en un futuro a corto plazo y, además, esta tendencia está siendo respaldada por planes estratégicos y proyectos de inversión que deben hacer realidad las expectativas generadas.

4.3.1 *Conexión con las redes ferroviarias internacionales*

Desde el punto de vista físico, las conexiones ferroviarias de España con el resto de Europa se efectúan por Irún y Portbou. Está prevista una tercera conexión en mitad de los Pirineos («travesía central»). De esta manera, se contemplan tres grandes conexiones ferroviarias con Europa: el corredor mediterráneo (proyecto Ferrmed[17] y conexión en Portbou), la conexión Sines/Algeciras-Madrid- París (pendiente del paso intermedio en los Pirineos y como alternativa a la conexión por Portbou) y el eje ferroviario del sudoeste de Europa (conexión de Irún). Los tres forman parte de los treinta proyectos prioritarios de la Red Transeuropea de Transporte.

Desde el punto de vista comercial, existen diversos operadores que ofrecen conexiones con las redes ferroviarias internacionales. Tras la apertura a la competencia existen distintos operadores que ofrecen diferentes servicios, algunos de ellos con conexiones internacionales. Desde 2005, los operadores son Renfe Operadora; Comsa Rail Transport, SA; Continental Rail, SA; Acciona Rail Services, SA; Activa Rail, SA, Tracción Rail, SA; Eusko Trenbideak - FFCC Vascos, SA; Arcelormittal Siderail, SA; EWSI; Logitren Ferroviaria; FESUR Ferrocarriles del Suroeste, SA; FGC Mobilitat, SA, y Alsa Ferrocarril, SAU. Existen además otros operadores que requieren contratar la tracción y que operan en determinados tráficos especializados por productos o mercados. Son Transfesa; LTF, SA; Sicsa Rail Transport, SA; Conte Rail, SA; Pecovasa y Tramesa.

Aun así, Renfe Operadora[18] sigue ofreciendo la mayor cantidad de servicios (aglutina el 93 % de las toneladas por kilómetro transportadas) y conexiones ferroviarias internacionales. Por ejemplo, su servicio Barcelyon Express ofrece a los operadores la posibilidad de transportar los contenedores de importación desde el puerto de Barcelona hasta Lyon y desde allí hasta otros destinos europeos. Este servicio supuso un hito en el transporte internacional ferroviario español al conseguir el 21 de diciembre de 2010 realizar un trayecto entre España y Francia con ancho internacional UIC mediante el

---

[17] Visite el sitio web de esta asociación que fomenta el transporte de mercancías por ferrocarril en Europa mediante un gran eje Escandinavia-Rin-Ródano-Mediterráneo Occidental que atraviesa toda Europa y que incluye el corredor mediterráneo.

[18] Visite el sitio web www.renfe.com/empresa/mercancias/index.html.

primer corredor transfronterizo (túnel del Pertús, que une Figueres con Perpiñán). La nueva conexión transfronteriza ofrece mayor capacidad de carga y agilidad, pues elimina la necesidad de transbordar las unidades de transporte intermodal (contenedor o caja móvil).

Otros servicios interesantes son Iberian Link, Tren Multicliente, Tren Teco (Tren Expreso de Contenedores), Autotren (para el transporte de vehículos mediante la sociedad Semat), etc.

4.3.2 Sistemas de intermodalidad ferrocarril-carretera

Existen diferentes técnicas y sistemas de intermodalidad entre el ferrocarril y la carretera. En primer lugar, se pueden contemplar todas las posibilidades de combinación tanto con camión como con el resto de unidades de transporte intermodal (UTI): camión, contenedor y caja móvil.[19]

En el transporte de contenedores existen desde hace tiempo conexiones ferroviarias con la mayoría de los puertos marítimos para servir de enlace a sus tráficos de importación y exportación. Asimismo, hay tráficos internacionales de contenedores en transporte combinado ferrocarril y carretera que comercializan operadores de transporte combinado.

Por lo que se refiere a los tráficos combinados de carretera y ferrocarril con caja móvil, existen servicios orientados al sector de la automoción, entre otros. En la actualidad, se están desarrollando pruebas de conexiones internacionales gestionadas por operadores de transporte en colaboración con Renfe que unirán en ancho UIC (lo que permite ahorrar unas cinco horas al no necesitar trasbordo) Barcelona con diversos destinos europeos: Alemania (Frankfurt), Francia (Le Soler) e Italia. Estos convoyes permiten transportar mediante cajas móviles el equivalente a 35 camiones pesados a una distancia de unos 1.500 km en 14 h. y con un significativo ahorro de combustible.

Si nos centramos en la intermodalidad consistente en cargar el semirremolque sobre el tren (similar a la analizada en las autopistas del mar), en España aún no la desarrolla ningún operador debido al gálibo ferroviario (medidas máximas del tren y su carga), pero en un futuro se podrá ofrecer este servicio si se llevan a cabo las inversiones en infraestructuras proyectadas.

Supone el desarrollo de un trayecto inicial por carretera en origen y otro en destino y un transporte intermedio por ferrocarril (normalmente el de mayor longitud) que conformaría lo que se denomina «autopista ferroviaria».

Se diferencian dos sistemas:

---

[19] Una caja móvil es una unidad de transporte intermodal con dimensiones similares a los semirremolques de carretera equipada con dispositivos para su trasbordo entre modos de transporte (normalmente ferrocarril y carretera).

- **Sistemas «no acompañado»**

  Sólo se carga el semirremolque en el ferrocarril. Es el sistema más utilizado en trayectos ferroviarios de grandes distancias. Existen variantes en función del sistema de carga del semirremolque sobre el tren.

  Distinguimos entre:

  - Sistema Modalohr.[20] Véase el caso del operador Lorryrail,[21] que ofrece un servicio con este sistema entre Perpiñán y Luxemburgo. Permite reducir un 80 % las emisiones de CO_2, en comparación con su alternativa en carretera. Se proyecta la conexión ibérica con Perpiñán y el resto de Europa desde Algeciras (con conexión hasta Marruecos) vía Madrid.
  - Sistema vagón poche. Consiste en vagones que cuentan con un espacio central donde se encajan las ruedas del semirremolque, el cual se carga mediante grúas pórtico especiales (como los contenedores). Los semirremolques tienen un diseño especial para poder ser agarrados por la grúas pórtico. Es el sistema utilizado por el operador Hupac,[22] con conexiones desde España y Portugal hasta Europa.
  - Semirremolque bimodal. Son trenes formados por semirremolques de carretera con unos dispositivos especiales que les permiten circular por el trazado ferroviario formando trenes. No requieren grúas para desarrollar el intercambio modal. Al no requerir el peso de un vagón se pueden crear trenes con mayor capacidad de carga. Se utilizan en EEUU y Australia. En Europa sólo en Austria.

- **Sistemas «acompañado»**

  El semirremolque y la cabeza tractora se cargan en el tren.

  Al disminuir su eficiencia debido al mayor peso, sólo se utilizan para tramos ferroviarios cortos o para afrontar obstáculos geográficos (Eurotúnel, Alpes). Recibe diferentes nombres: *ferroutage* en Francia, *piggyback traffic* o *rail-road transport.*

5   Optimización mediante el uso de las TIC

Las tecnologías de la información y la comunicación ofrecen otro enorme campo de optimización al transporte internacional por carretera. De entre todas ellas, destacamos cuatro: la gestión de flotas, las bolsas de carga, los *e-tenders* de transporte y la radiofrecuencia.

---

[20] Visite el sitio web www.modalohr.com.
[21] Visite el sitio web de este operador www.lorry-rail.com.
[22] Véase el sitio web www.hupac.com.

5.1   Gestión de flotas

Son programas informáticos que permiten gestionar, coordinar y optimizar el uso de la flota a las empresas de transporte. La mayoría incluye aplicaciones relativas a:

- optimización de rutas,
- localización de vehículos,
- transmisión de datos y documentos entre la empresa y el vehículo,
- registro y comunicación de datos relativos a consumo, mantenimiento, tiempos de conducción y descanso, y
- conexiones con aspectos de gestión: facturación, carta de porte, etc.

5.2   Bolsas de carga

Aparecieron en la década de 1990 como una herramienta informática en línea de acceso al mercado del transporte que ha permitido la conexión entre ofertantes y demandantes (transportistas, operadores y usuarios) de forma continua y directa.

Constituyen mercados en línea para localizar camiones y cargas en función de los requisitos de búsqueda que el usuario introduzca en la bolsa. Con el tiempo han ido ampliando sus servicios y posibilidades de accesibilidad (teléfono móvil, seguro de crédito, etc.). Su coste es pequeño en relación con el servicio que ofrecen a los departamentos de tráfico, transportistas y cargadores.

Las bolsas de carga no forman parte del contrato de transporte sino que se limitan a permitir el contacto entre los posibles contratantes. Para ofrecer una mayor seguridad suelen exigir determinados requisitos a sus usuarios (cumplir con todos los requisitos legales para actuar como transportista, pago de los servicios contratados, etc.). De esta manera, tratan de asegurar la solvencia y las buenas prácticas de los usuarios a los que pone en contacto.

Se les atribuye haber contribuido a la proliferación de intermediarios. Éstos han aportado un valor limitado a la cadena de transporte y han generado con frecuencia impagos de servicios a los transportistas efectivos.

En muchos casos, las bolsas se especializan en distintos mercados geográficos. Es conveniente probar sus servicios mediante el período de prueba gratuito.

De entre las numerosas bolsas de carga que existen en Europa, destacamos las siguientes:[23] Wtransnet, Timo.com, Teleroute y Speedity.

---

[23] Para mayor información visite sus sitios web: www.timocom.es, www.teleroute.es, www.wtrasnet.com y www.speedity.com.

5.3   E-tenders de transporte

Un *tender* o RFT *(request for tender)* consiste en un proceso de selección de proveedores que efectúa un comprador de productos o servicios, adaptado al sector del transporte. Este proceso se ha optimizado, aprovechando las ventajas de internet, y en la actualidad se denomina «*e-tender* de transporte». Configura, junto con las bolsas de carga, las dos aplicaciones de mayor éxito en el binomio «internet-contratación de transporte».

El *e-tender* de transporte es un proceso de selección de proveedores que efectúa un cargador mediante una plataforma en internet basándose en unas condiciones preestablecidas que configuran su «demanda de transporte», de entre las cuales selecciona la mejor oferta que le ofrece el mercado de transportistas.

Los *e-tender* de transporte están diseñados para ofrecer su mejor rendimiento a cargadores de todo tipo (desde grandes empresas a pymes), que requieren un servicio estable de transporte (diferencia clave con las bolsas de carga que concilian servicios puntuales), que no se vea afectado por las evoluciones del mercado (falta de camiones en un momento puntual del año, volatilidad de los precios, diferencias del servicio ofrecido por distintos transportistas, etc.). De hecho, los *e-tender* permiten a empresas de tamaño limitado acceder a una herramienta muy útil con la que optimizar costes de transporte mediante una inversión menor.

El cargador puede así desarrollar un proceso de selección de proveedores de transporte (carretera y otros modos) con estas características:

- *Homogéneo.* El proceso de selección se realiza partiendo de unas condiciones preestablecidas por el cargador que se aplican de forma estable en el tiempo (garantía de servicio, operaciones de carga y descarga, servicios logísticos, seguro, calidad del servicio, etc.).
- *Ahorra costes internos.* El cargador especifica las condiciones del servicio para el que selecciona transportista y se ahorra comparar multitud de ofertas heterogéneas (ahorro en tiempo, dinero y activos comerciales) entre las que resulta difícil elegir la óptima.
- *Método optimizador de costes de transporte.* Mediante este proceso puede seleccionar, entre varias ofertas de servicio homogéneo, la mejor y óptima en condiciones de coste/precio. Este proceso está diseñado para que el cargador sea capaz de ajustar sus costes de transporte a largo plazo y no de forma puntual (más típico en bolsas de carga). Por otra parte, los precios con los que concursan los transportistas suelen no ser visibles para otros transportistas, de forma que se evita una guerra de precios entre ellos.
- *Se puede acceder a un mercado de proveedores* de transporte tan amplio como quiera el cargador, lo que le permite obtener las mejores condiciones en un entorno global europeo. Puede acceder, mediante el *e-tender,* a bases de datos de transportistas que realizan servicios de transporte complementarios a sus demandas (carga completa, paquetería, etc.), por lo que se producen sinergias que benefician a ambas partes.

El funcionamiento de un *e-tender* de transporte es sencillo para el cargador. Una vez seleccionada la plataforma con la que va a realizar el proceso (Tenderpack,[24] TradeExtensions, Traconi, Timocom, etc.) y, en su caso, asesorado por dicha plataforma o un consultor, asesor o gestor de transporte externo, se elabora un pliego de condiciones del servicio que se demanda y se somete a concurso. El cargador puede optar por realizar en la plataforma una convocatoria abierta a cualquier transportista o a aquellos que especifique (porteadores actuales o potenciales). La convocatoria permite a los transportistas concurrir al proceso, los cuales, tras estudiar las condiciones establecidas por el cargador, ofrecen su precio más competitivo (deben evaluarse correctamente los costes relativos al servicio al que se opta).

Un aspecto fundamental es la correcta definición y concreción del servicio que se somete a oferta, tanto su diseño por el cargador como su evaluación y estudio en costes y capacidad para el porteador antes de optar al mismo ofreciendo un precio, de manera que no surjan problemas posteriores en su ejecución. Algunas de las claves que se deben tener en cuenta en el diseño del *e-tender* y, por tanto, reflejar en las condiciones del servicio demandado hacen referencia a:

- *Condiciones del contrato de transporte:* compromisos, documentación, plazos y condiciones de entrega y pago del precio del transporte, jurisdicción competente ante controversias (juntas arbitrales de transporte o tribunales), duración del contrato, etc.
- *Aspectos relativos a la cobertura de las mercancías y su seguro:* límite de responsabilidad del transportista (según Convenio CMR en transporte internacional y Ley 15/2009 en nacional)[25] y su relación con el valor de las mercancías.
- *Precios de transporte* y su posible actualización respecto del combustible basándose en algún indicador[26] (pactar su aplicación a subidas y a bajadas para compartir el riesgo con el transportista).
- *El tipo de servicio* de transporte que se selecciona para cada ruta *(express,* paquetería, grupaje, palés, cargas completas, etc.) y sus condiciones relativas a carga/descarga.

El cargador obtiene mediante el proceso ofertas predefinidas sobre las mismas condiciones y, por tanto, fáciles de comparar. Ello le permite elegir la mejor y optimizar

---

[24] Para más información visite el sitio web www.tenderpack.com.

[25] Véase la tabla sobre marco jurídico comparado entre transporte nacional e internacional de mercancías por carretera al final del capítulo 3.

[26] Por defecto y para transporte nacional por carretera se regula mediante al artículo 38 de la Ley 15/2009, del contrato de transporte terrestre (BOE de 12 de noviembre). Si no existe un pacto expreso por las partes que determine otro método de actualización o la no actualización, se aplica de forma automática.

(minimizar) los costes de transporte, a la vez que mejora la estabilidad y seguridad del servicio con un contrato de transporte estable basado en las condiciones establecidas.

Tras seleccionar el proveedor, se formaliza un contrato estable de duración continuada por el período de tiempo que se estime conveniente y donde se recojan las condiciones acordadas para los servicios de transporte nacional o internacional por carretera. Cada vez que se formalice una carta de porte CMR (o una carta de porte o documento de control[27] en transporte nacional) se observarán las condiciones establecidas en el acuerdo marco, por lo que conviene reflejar en ella una referencia a dicho contrato.

Incluso ante las subidas del precio del transporte por efecto del combustible, se estima que el uso de *e-tender* permite obtener al cargador un ahorro en el precio de transporte de aproximadamente el 10 %, y además obtiene unas 16 ofertas de transportistas por ruta o servicio que se somete a oferta.

Estas mejoras se ofrecen no sólo a costa sino también en colaboración con el transportista, pues este método permite establecer servicios estables de transporte que también le benefician. Además, le ofrece otras ventajas frente a la contratación tradicional menos estable, ya que mediante la oferta se accede a un amplio mercado de cargadores, se reduce la intermediación sin valor añadido y se minimizan las rutas en vacío, dado que permite una mejor planificación y asignación de recursos.

5.4 Radiofrecuencia

Constituye una aplicación de la nanotecnología a la cadena de suministro y al transporte. Consiste en una nueva tecnología de identificación y recogida de información de los productos mediante unos diminutos dispositivos que se colocan en los mismos.

Entre las aplicaciones más directas y relacionadas con la logística y el transporte de mercancías, se encuentran el control de las existencias en un almacén mediante un inventario en línea, la localización de la situación exacta de un producto en un almacén, el control de los flujos de entrada y salida, el registro de la información en la etiqueta de radiofrecuencia como sistema de trazabilidad, etc.

---

[27] En transporte nacional la carta de porte se regula en el artículo 10 y siguientes de la Ley 15/2009. También se aplica la Orden FOM 238/2003.

Capítulo 6
Casos prácticos de contratación y optimización

En este capítulo presentamos dos casos prácticos de trasporte internacional de mercancías en los que se incluye la documentación relativa a su contratación (en el formato más extendido de carta de porte CMR) y otros aspectos relacionados: orden de carga, registro de intercambio de palés o solicitud de intervención de una junta arbitral de transporte.

El primer caso muestra unas condiciones de contratación más favorables al cargador y el segundo al transportista, basándonos en las propuestas aceptadas por las partes dentro de la libertad contractual y el marco regulador del Convenio CMR. Se tratan las posibles controversias en el cumplimiento del contrato de transporte internacional por carretera en aplicación del Convenio CMR y de las reglas Incoterms® 2010.

Caso práctico 1. Venta a Francia (expedición intracomunitaria)

La empresa Valeplast, SA, domiciliada en Valencia, está dedicada a la fabricación y comercialización de una amplia gama de plásticos para la agricultura. El día 28 de febrero de 2011 confirmó la venta de una partida de sus productos con uno de sus principales clientes franceses, la empresa Reimstique, situada en Reims (Francia).

La venta se ha acordado en condiciones «DAP RM 90, Parc Industriell de Reims, Marne (Francia), Incoterms® 2010». Según esta regla Incoterms®, el vendedor debe contratar y pagar el transporte hasta el lugar que concreta el término de venta, entregando y transmitiendo el riesgo de la mercancía al comprador en dicho punto.

En cumplimiento de sus obligaciones derivadas de la regla Incoterms® y relativas al transporte, el vendedor procedió a contratar el transporte desde su almacén en Valencia hasta el del comprador en Reims.

Para ello, contactó con uno de sus transportistas habituales, al que remitió orden de carga donde se especificaban los datos de la operación. El transportista contratado fue Operintrans, SL, domiciliado en Denia (España).

- **Aspectos operativos del servicio incluidos en la orden de carga o la carta de porte CMR:**

  – Se solicita camión con capacidad para 34 europalés qué ha de cargar el día 1 de marzo de 2011 a las 9:00 en el almacén del vendedor.
  – El envío se compone de 34 europalés EUR EPAL con «plásticos para la agricultura» con la marca Valeplast y un peso bruto de 8.356 kg. En cada palé se transportan 10 cajas de cartón con el material plástico.
  – Se pacta el uso e intercambio de los 34 europalés EUR EPAL con el transportista. En caso de incumplimiento se acuerda una penalización de 10 € por europalé no entregado que se deducirá del importe de la factura emitida por el transportista.
  – Se adjunta a la carta de porte CMR lista de contenido y factura.
  – Se formaliza el contrato de transporte CMR en formulario emitido por el vendedor.
  – Lugar y plazo de entrega: Reims, el 2 de marzo, entre las 18:00 y las 19:00 h.
  – Precio del transporte: 1.600 €.
  – Portes que debe pagar el expedidor: DAP Reims.
  – Sometimiento a Junta Arbitral de Transporte de Valencia.

La mercancía se entrega en el destino y plazo acordados. Se presenta a continuación la orden de carga, el ejemplar 1 de la carta de porte CMR (con las firmas del vendedor/expedidor y del transportista) y la hoja de registro de intercambio de europalés que utiliza el vendedor.

Controversias posibles y su resolución aplicando el Convenio CMR

1 Incidencia de la falta de intercambio de los palés en el precio del transporte

Las partes acordaron en la orden de carga que el transportista debía intercambiar los 34 europalés EUR EPAL, es decir, dejar 34 europalés vacíos en el almacén de origen al recoger los 34 cargados con el plástico agrícola. Sin embargo, por alguna razón, no presentó los europalés vacíos en el momento de la carga, circunstancia que se registró en la carta de porte CMR y en la hoja de registro de palés que utiliza Valeplast.

El transportista puede acordar con el vendedor la entrega posterior antes de emitir la factura y así saldar el débito; en caso contrario, y en aplicación del acuerdo pactado entre las partes, la factura deberá emitirse por un importe de 1.260 € (1.600 € menos 340 € de los europalés no intercambiados).

<table>
<tr><td colspan="2" align="center">ORDEN DE CARGA/TRANSPORTE - Número 2011/346
VALEPLAST, SA
Polígono industrial Horno de Alcedo, parcela 34. Valencia (España)</td></tr>
<tr><td align="center">Cargador</td><td align="center">Porteador/Transportista</td></tr>
<tr><td>De: Dpto. de Exportación de Valeplast
Fecha: 28/2/2011</td><td>Para: OPERINTRANS, SL
Parcela B12, Pol. industrial Juyarco
Dénia (Alicante) España

A la Atención de: Dpto. de Tráfico</td></tr>
<tr><td colspan="2" align="center">Vehículo y servicio solicitado</td></tr>
<tr><td colspan="2">Se solicita vehículo caja cerrada con capacidad de carga de 34 europalés para realizar transporte internacional de carga completa</td></tr>
<tr><td colspan="2" align="center">Fecha y lugar de carga</td></tr>
<tr><td align="center">Fecha y hora de carga</td><td align="center">Lugar de carga/almacén de recogida</td></tr>
<tr><td align="center">1/3/2011
9:00 h.</td><td align="center">VALEPLAST, SA
Polígono industrial Horno de Alcedo, parcela 34
Valencia (España)</td></tr>
<tr><td colspan="2" align="center">Fecha y lugar de descarga</td></tr>
<tr><td align="center">Fecha y hora de descarga/Plazo de transporte</td><td align="center">Lugar de descarga/almacén de entrega</td></tr>
<tr><td align="center">2/3/2011
Entre las 18:00 y las 19:00 h.</td><td align="center">REIMSTIQUE
RM 90, Parc Industriel de Reims,
Marne (Francia)</td></tr>
<tr><td colspan="2">Observaciones en la carga y descarga: Intercambiar 34 europalés EUR EPAL en origen y destino</td></tr>
<tr><td colspan="2" align="center">Descripción del envío que se ha de transportar</td></tr>
<tr><td colspan="2">34 europalés con 340 cajas de cartón con «Plásticos para la agricultura»</td></tr>
<tr><td colspan="2" align="center">Condiciones del contrato de transporte</td></tr>
<tr><td colspan="2">Precio del transporte: 1600 €</td></tr>
<tr><td colspan="2">El cargador/expedidor y el porteador acuerdan mediante la aceptación expresa de esta orden de carga aplicar a este contrato de transporte las condiciones siguientes:

1. El transportista declara estar en posesión del seguro de responsabilidad civil obligatorio y disponer de un seguro de daños a la mercancía que cubre su responsabilidad como porteador según el Convenio CMR.
2. En caso de que el expedidor incluya una declaración de valor de la mercancía en la carta de porte, se entiende que el precio del servicio incluye la prima correspondiente a dicha declaración según el art. 24 del Convenio CMR.
3. El transportista deberá informar a VALEPLAST ante cualquier retraso, incidencia o impedimento durante el transporte o a la entrega en destino al comprador.
4. El transportista entregará el mismo número de europalés EUR EPAL que se lleva cargados de origen. En caso contrario reducirá a razón de 10 € por europalé no entregado el importe facturado por su servicio a VALEPLAST.
5. VALEPLAST solo aceptará factura del transportista a la que se adjunte el ejemplar 4.º de la carta de porte CMR (o fotocopia del 3.º) en el que se compruebe la entrega de la mercancía y se identifique el destinatario que se hizo cargo de la mercancía en el almacén de destino.
6. Se acuerda que el transportista remitirá a VALEPLAST la carta de porte CMR de destino y la factura en un plazo máximo de 10 días tras la finalización de la operación de transporte.
7. Forma de pago: pagaré a 90 días desde la fecha de recepción de la factura y la carta de porte CMR de destino.
8. Si el transportista no remite fax en contra se entiende que acepta expresamente estas condiciones.</td></tr>
<tr><td>Dirija su factura y la carta de porte CMR de destino a:
VALEPLAST, SA
Pol. I. Horno de Alcedo, p. 34 Valencia (España)</td><td align="center">Fdo: Responsable de expediciones de VALEPLAST,SA</td></tr>
</table>

Figura 6.1. Orden de carga mediante la cual se solicita el servicio de transporte internacional por carretera.

| 1 | Ejemplar para el remitente. *Exemplaire de l'expéditeur. Copy for sender* | N.º 78564 |

1. Remitente (nombre, domicilio, país)
   Expediteur (nom, adresse, pays)
   Sender (name, address, country)

VALEPLAST, S.A.
Pol. Ind. Horno de Alcedo, parcela 34
Valencia (España)

CARTA DE PORTE INTERNACIONAL
LETRE DE VOITURE INTERNATIONALE
INTERNATIONAL CONSIGNMENT NOTE

Este transporte queda sometido, no obstante toda cláusula contraria al Convenio sobre el Contrato de Transporte Internacional de mercancías por carretera (CMR)

CMR

Ce transport est soumis, non obstant toute clause contraire, à la Convention relative au Contrat de Transport International de Marchandises par route (CMR)

This carriage is subject, not withstanding any clause to the contrary, to the Convention on the Contract for the International Carriage of the goods by road (CMR)

2. Consignatario (nombre, domicilio, país)
   Destinataire (nom, adresse, pays)
   Consignee (name, address, country)

REIMSTIQUE
RM 90, Parc Industriell de Reims,
Marne (Francia)

16. Porteador (nombre de la empresa, domicilio, país)
    Transporteur (nom, adresse, pays)
    Carrier (name, address, country)

OPERINTRANS, SL
Parcela B12, Pol. Industrial Juyarco
Dénia (Alicante) España

3. Lugar de entrega de la mercancía (localidad, país)
   Lieu prévu pour la libración de la marchandise (lieu, pays)
   Place of delivery of the goods (place, country, date)

RM 90, Parc industriell de Reims,
Marne (Francia)

Matriculas de los vehiculos/*Registration number:*

8493-DGC   R-3987-CDJ

17. Porteadores sucesivos (nombre, domicilio, país)
    Transporteur succéssifs (nom, adresse, pays)
    Succesives carriers (name, address, country)

4. Lugar y fecha de carga de la mercancía (localidad, país, fecha)
   Lieu et date de la prise en charge de la marchandise (lieu, pays, date)
   Place and date of taking over the goods (place, country, date)

Pol. Ind. Horno de Alcedo, parcela 34
Valencia (España)
1/3/2011   9:00

18. Reservas y observaciones del porteador
    Carriers reservations and observations

5. Documentos anexos/ *Documents annexes/ Documents attached*

Packing list y factura número 2011/A1278

6. Marcas y número *Marques et numero* *Marks and number*	7. Número de bultos *Numero des colis* *Number packages*	8. Clase de embalaje *Mode d'emballage* *Kind of packing*	9. Naturaleza de la mercancía *Nature de la marchandise* *Nature of the goods*	10. N.º estadístico *N.º statistique* *Statistical number*	11. Peso bruto (kg) *Kg poids brut* *Gross weight*	12. Volumen m³ *Cubage m³* *Volume in m³*
VALEPLAST	**340**	**Cartones**	**Plásticos para agricultura**		**8356**	

34 europalés no intercambiados (ver hoja registro de palés)

Clase *Class*	Número *Number*	Letra *Letter*	(Acuerdo ADR) *(Agreement ADR)*

13. Instrucciones del expedidor/remitente
    Instructions de l'expediteur
    Sender's instructions

Plazo de entrega:
Día 2/3/2011 entre las 18:00 y las 19:00 h.

19. Estipulaciones particulares/ *Conventions particulières/ Special agreements*
Las partes acuerdan aplicar a este contrato de transporte las condiciones pactadas en la orden de carga número 2011/346.
La mercancía queda valorada a efectos del artículo 24 del Convenio CMR en 87.142 €.
Las partes intervinientes en este contrato se someten expresamente y para la resolución de cuantas cuestiones y controversias puedan derivarse de este contrato a la Junta Arbitral de Transporte de Valencia (España).

20. A pagar por: *To be paid for:*	Remitente *Sender*	Moneda *Currency*	Consignatario *Consignee*
Precio del porte *Carriage charges* Descuentos *Deductions*			
Neto *Balance* Otros cargos *Other charges*			
Total			

14. Forma de pago/ *Prescriptions d'affranchissement/ Method of payment*

[X] Porte pagado/*Carriage paid*

[ ] Porte debido/*Awaiting payment*   **DAP Reims, Francia**

21. Formalizado en **Valencia**   a   **1/3/11**
    Etablie   à   le
    Established in   on

15. Reembolso a cobrar en destino/*Cash on delivery*

22.	23.	24.
VALEPLAST, S.A. **Pol. Ind. Horno de Alcedo, parcela 34** **Valencia (España)**	**OPERINTRANS, SL** **Parcela B12, Pol. Industrial Juyarco** **Dénia (Alicante) España**	Lugar a *Lieu le* *Place on*
Firma y sello del remitente *Signature et timbre de l'expediteur* *Signature and stamp of the sender*	Firma y sello del transportista *Signature et timbre du transporteur* *Signature and stamp of the carrier*	Firma y sello del consignatario *Signature et timbre du destinataire* *Signature and stamp of the consignee*

Figura 6.2. Ejemplar 1 para el expedidor de la carta de porte CMR (contrato de transporte internacional).

VALEPLAST, SA

Pol. Ind. Horno de Alcedo, parcela 34
Valencia (España)

Registro de intercambio de europalés

Instrucciones de uso
El responsable de almacén/expediciones de VALEPLAST cumplimentará este registro para cada uno de los transportes por carretera. El documento será firmado por dicho responsable y el chófer y entregado junto al ejemplar 1 de la carta de porte CMR o albarán en la oficina del almacén.

Empresa transportista: **OPERINTRANS, SL** Parcela B12, Pol. industrial Juyarco Denia (Alicante) España	Fecha: **1/03/2011** *Date:*	Matrículas del vehículo: *Truck number:* **8493-DGC R-3987-CDJ** CMR n.º **78564**
CARGADOS/Entregados con carga al transportista (en números): *LOADED (number):* **34**		.... Firma y sello del transportista *Signature and stamp driver*
DESCARGADOS/ Entregados por el transportista (en números): *UNLOADED (number):* **0**		.... Firma y sello del lugar de carga/descarga *Signature and stamp loading/unloading place*
DIFERENCIA (en números): *DIFFERENCE (number):* **34**	Importe que se ha de deducir en factura de transporte: **34 europalés x 10 € = 340 €**	

AVISO IMPORTANTE
Este registro de palés debe ser completado en su totalidad. En caso contrario no tiene validez.
Los débitos generados a favor de VALEPLAST por el no intercambio de europalés por parte del transportista, generarán una deducción en la factura del servicio de transporte correspondiente a razón de 10 € por europalé no intercambiado.

VALEPLAST, SA
Teléfonos de contacto para cualquier incidencia. Por favor comuníquese con:
Contact phone for any incidente. Please contact to:

Figura 6.3 Hoja de registro de intercambio de palés que utiliza el almacén del vendedor.

2 Pérdida de la mercancía y cálculo de su indemnización. Influencia de la regla Incoterms®

Supongamos que, por causa imputable al transportista, se pierde toda la mercancía y no se entrega en destino. Vamos a plantear la resolución de la controversia sin intervención de las compañías de seguros.

Una vez comunicada la incidencia al vendedor, parte que asume el riesgo de la mercancía hasta su entrega en destino en función de la regla Incoterms® DAP, éste formula la reclamación del valor de la mercancía en el momento de su entrega al transportista (en origen). Se presenta para ello factura comercial de la compraventa internacional, de la que se deduce el coste del transporte hasta destino (que tampoco se pagará al formar parte de la indemnización del porteador) y donde se recoge un importe de 256,3 € por caja de material plástico. Así pues, el valor de la mercancía en el momento de su entrega al transportista es de 87.142 € (340 cajas × 256,3 €), como se declaró en la carta de porte CMR.

Si no se hubiese declarado el valor, se debe comparar el valor de la mercancía cuando se entrega al porteador con el límite máximo de responsabilidad de éste según el Convenio CMR (8,33 DEG/kg bruto de mercancía perdida; véase el capítulo 3). Suponiendo un tipo de cambio de DEG de 1,1 €:

- Límite máximo de responsabilidad: 76.566 € (8.356 kg × 8,33 DEG 1,1 €).
- Valor de la mercancía en origen: 87.142 €.
- Indemnización que satisfacer: 76.566 €.

Sin embargo, al haberse declarado el valor de la mercancía (87.142 €) en la carta de porte, este valor sustituye al límite y la indemnización debiera alcanzar esta cuantía y ser satisfecha por el porteador al vendedor en compensación por la pérdida.

En caso de haber pactado la regla Incoterms® «CPT RM 90, Parc Industriell de Reims, Marne (Francia), Incoterms® 2010», el vendedor hubiera tenido que contratar y pagar, al igual que con DAP, el transporte por carretera hasta Reims, con la diferencia de que hubiese entregado y transmitido el riesgo sobre la mercancía (por ejemplo, su pérdida) en el momento en que ésta se hubiese cargado en el vehículo en su almacén (Valencia). Desde ese momento, el comprador soporta el riesgo de pérdida de la mercancía y el daño o retraso en la entrega, y en el caso de pérdida, debe pagar su importe al vendedor y reclamar al porteador la indemnización que le compense.

3 Retraso en la entrega

Supongamos que la entrega de la mercancía en destino se ha producido el día 7 de marzo de 2011, lo que se refleja en los ejemplares 2 y siguientes del CMR. La entrega con retraso no implica automáticamente el derecho a reclamar una indemnización al porteador, excepto si el retraso provoca un perjuicio económico. La indemnización máxima no puede superar el precio del transporte (artículo 23.5 del Convenio CMR).

La entrega fuera de plazo ha provocado un perjuicio al comprador, el cual reclama al vendedor 800 € en concepto de penalización en virtud de un acuerdo con garantía de suministro que se ha incumplido. Al no sobrepasar el precio del transporte se podría solicitar al porteador una indemnización por dicha cuantía.

Caso práctico 2. Compra a Alemania (introducción intracomunitaria)

Mecatodo, SA, situada en Zaragoza (España) es un distribuidor nacional de productos y herramientas eléctricas que adquiere en el mercado internacional, principalmente en la Unión Europea. En febrero de 2011 compró una partida de herramientas eléctricas a uno de sus principales proveedores europeos, la empresa alemana Blatecker, domiciliada en Düsseldorf (Alemania).

La regla Incoterms® acordada para la operación es «FCA Heerstervel, 35, Düsseldorf (Alemania). Incoterms® 2010», por lo que el vendedor entrega la mercancía cuando la carga en el camión que debe contratar el comprador; desde ese punto, el comprador corre con el riesgo de la mercancía hasta destino.

El comprador español localiza mediante una bolsa de carga a un transportista también español que va a realizar el transporte en un retorno desde Alemania. Se trata de Intertrans, SA, domiciliada en Móstoles (Madrid). Una vez efectuado el contacto y acordado el precio, el transportista remite por correo electrónico el modelo de «orden de transporte» donde el cargador debe incluir los datos de la operación y remitirlo por fax al transportista. En dicha orden se incluyen determinadas condiciones que deben aplicarse al contrato de transporte.

En el momento de la carga en Düsseldorf, el transportista presenta dicho formulario cumplimentado y una serie de condiciones aplicables al contrato de transporte, entre otras el sometimiento expreso a la Junta Arbitral de Transporte de Madrid.

- **Aspectos operativos del servicio incluidos en la orden de transporte o la carta de porte CMR:**

  - Se contrata mediante la orden de transporte un camión con capacidad de carga de 28 europalés para cargar el día 22 de febrero de 2011 a las 12:00 h. en el almacén del vendedor en Düsseldorf (Alemania).
  - El envío se compone de 28 europalés EUR EPAL en los que se transportan 448 cajas de plástico con herramientas eléctricas. Todas las cajas se identifican con la marca Blatecker. El envío tiene un peso bruto de 14.368 kg.
  - Se acuerda el intercambio de los 28 europalés EUR EPAL.
  - Se adjunta a la carta de porte CMR lista de contenido y factura comercial.

- Lugar de recogida: Heerstervel, 35, Düsseldorf (Alemania).
- Lugar de entrega: c/. Bari, 310 de Plataforma Logística Zaragoza, CP 50197 Zaragoza (España).
- Plazo de entrega: 24 de febrero de 2011 entre las 17:00 y las 18:00 h.
- Precio del transporte: 1.850 €.
- Portes que debe pagar el destinatario/cargador: «FCA Düsseldorf».
- Cláusula de sometimiento a la Junta Arbitral de Transporte de Madrid.

La mercancía se entrega en el destino y plazo acordados. Se presenta a continuación la orden de transporte de carga, el ejemplar 2 de la carta de porte CMR (con las firmas del vendedor/expedidor, transportista y destinatario/comprador) y la solicitud de intervención de la Junta Arbitral de Transporte de Madrid dirigida por el transportista.

Controversias posibles y su resolución aplicando el Convenio CMR

1 Cálculo de la paralización y su cobro en factura

Aplicando la condición 5.ª de la orden de transporte, se han generado paralizaciones en la carga y descarga. En concreto, en el almacén de carga se ha generado una paralización de dos horas, desde las 14:00 a las 16:00 h. El camión se había solicitado para las 12:00, por lo que, aunque ha llegado al almacén a las 11:00 h., la paralización no comienza a contabilizarse hasta las 14:00 h.

En el almacén de descarga se ha generado otra paralización de dos horas, pues el camión ha llegado a las 18:00 y a las 20:00 h. se inicia el cómputo de paralización hasta las 22:00. En total, se ha generado una paralización de cuatro horas que, a razón de 45 €/h., genera un suplemento en la factura del servicio de 180 € (45 € × 4 h.) que se debe cobrar a Mecatodo, SA. Total factura: 2.030 € (1850 € + 180 €).

2 Pérdida parcial de mercancía y cálculo de su indemnización

Supongamos que por causa imputable al transportista se pierde parte del envío, en concreto dos europalés. Al haberse vendido en condiciones FCA Dusseldorf, el vendedor entregó la mercancía cuando la cargó en su almacén sobre el vehículo contratado por el comprador. Por tanto, debe ser el comprador el que reclame al transportista y solicite indemnización por la pérdida parcial. Para calcular la indemnización correspondiente se compara el valor de la mercancía en el momento de su entrega al transportista con el límite de responsabilidad del porteador que determina el artículo 23 del Convenio CMR. Mediante la lista de contenido se puede determinar el contenido exacto de los dos europalés perdidos, que pesaban 324 kg de peso bruto total, y

<table>
<tr><td colspan="2" align="center">Orden de transporte dirigida a:

INTERTRANS, SA

Pol. Ind. 2, parcela B73, 28936. Móstoles (Madrid) España</td></tr>
<tr><td colspan="2">Instrucciones de uso de esta orden de transporte:
El cliente cargador que contrata el servicio de transporte debe cumplimentar los datos de la operación que se presentan en las casillas 1 a 8 y remitir esta orden por fax al 91-645XXXX. El envío de esta orden de transporte implica el acuerdo del cargador con las condiciones del transporte expresadas en la misma.</td></tr>
<tr><td>N.º de orden: 678490</td><td>Fecha de envío: 21/02/2011</td></tr>
<tr><td>1. Cargador que contrata el servicio
(Indicar nombre, dirección completa y CIF)
MECATODO, SA,
C/ Bari, 310 de Plataforma Logística de Zaragoza
50197 Zaragoza (España)</td><td>2. Tipo de vehículo solicitado
(Indicar los requisitos del vehículo: capacidad de carga en palés, caja, lona, frigorífico, etc.)

Caja lona con capacidad para 28 europalés</td></tr>
<tr><td>3. Lugar y fecha de carga
(Indicar la dirección completa, teléfono de contacto y horario de almacén)

BLATECKER, Heerstervel, 35
Dusseldorf (Alemania) 22/02/2011 12:00 h.</td><td>4. Lugar y fecha de entrega en destino
(Indicar la dirección completa, teléfono de contacto y horario de almacén especificando el plazo en su caso)
Bari, 310 de Plataforma Logística de Zaragoza
50197 Zaragoza (España)
24/02/2011 17:00 a 18:00 h.</td></tr>
<tr><td>5. Descripción de la mercancía
(Indicar aspectos como número de palés, peso estimado, volumen, requisitos: temperatura, manipulación, etc.)
28 europalés con 448 cajas de plástico conteniendo herramientas eléctricas, marca Blatecker</td><td>6. Intercambio de palés
(Indicar, en su caso, si se acuerda intercambio de palés, tipo y requisitos)

Intercambiar los 28 europalés</td></tr>
<tr><td>7. Precio del transporte
Indicar el precio acordado con Intertrans:

1.850 €</td><td>8. Responsable del pago del transporte
(Indicar la empresa que hará efectivo el pago del servicio: nombre, dirección completa y CIF)
MECATODO, SA, C/Bari, 310; Zaragoza</td></tr>
<tr><td colspan="2">Condiciones aplicables al contrato de transporte</td></tr>
<tr><td colspan="2">El cargador/solicitante del servicio acuerda con Intertrans la aplicación de las siguientes condiciones de transporte:

1. El cargador que remite esta orden de transporte a INTERTRANS está conforme con las condiciones estipuladas en ella. La normativa aplicable al contrato de transporte es el Convenio CMR si se trata de transporte internacional y la Ley 15/2009 del Contrato de Transporte Terrestre si se trata de un transporte nacional por carretera dentro de España.
2. El precio del transporte de este servicio se refleja en esta orden de transporte y ha sido acordado previamente con Intertrans. Si el cliente es un cargador con el que se mantiene un contrato a largo plazo se aplicará el precio correspondiente a la tarifa de dicho contrato actualizado en función del alza del gasóleo desde la fecha de la firma del mismo y la de la realización efectiva del servicio. La actualización se hará conforme al procedimiento descrito en la cláusula 10 de los contratos de transporte de duración continuada de Intertrans.
3. *Forma de pago:* transferencia bancaria a la Cuenta XX64783990937729XXXX 30 días después de la fecha de factura que Intertrans presentará al responsable del pago del servicio según esta orden de transporte.
4. En caso de contratarse un servicio de transporte por el expedidor de un envío y acordarse el pago por el destinatario, si éste no hace efectivo el pago, el expedidor se hace responsable del mismo.
5. *Paralizaciones.* Se acuerda computar como paralización el tiempo que supere las dos horas desde la puesta a disposición del vehículo según esta orden de transporte o la llegada del vehículo al almacén de carga o descarga (lo que se produzca después). Cada hora de paralización o fracción, con un máximo de 10 por periodo de 24 horas, implicará un suplemento en la factura del servicio de transporte de 45 € para el responsable del pago del servicio de transporte, independientemente de que la paralización se haya generado en origen o destino. Las horas de llegada y salida de cada almacén serán registradas en la carta de porte (CMR o nacional)
6. Las partes intervinientes en este contrato se someten expresamente a la Junta Arbitral de Transporte de Madrid para la resolución de cuantas cuestiones y controversias se deriven de este contrato.
7. Intertrans tiene contratado un seguro de responsabilidad civil que cubre su responsabilidad como porteador tal y como se establece en el Convenio CMR o la Ley 15/2009 (según se trate de transporte internacional o nacional en España).
8. No se admiten declaraciones de valor insertas en la carta de porte que incrementen la responsabilidad del transportista por encima de los estipulado en el Convenio CMR y la Ley 15/2009, a menos que dichas declaraciones de valor se emitan por Intertrans a solicitud del cliente en documento separado a la carta de porte (CMR o nacional) y a cambio del pago de un suplemento a convenir (consulte posibilidades de ampliación de la cobertura de seguro).</td></tr>
<tr><td colspan="2">Cargador/Solicitante del servicio de transporte

Fdo: Responsable de Compras de Mecatodo, SA. He leído y acepto las condiciones de esta orden de transporte.</td></tr>
</table>

Figura 6.4. Orden de transporte formalizada en formato propuesto por el porteador con sus condiciones y aceptada por el cargador/destinatario que la remite cumplimentada aceptándolas.

<table>
<tr><td colspan="2">2 Ejemplar para el consignatario. Exemplaire du destinataire. Copy for consignee</td><td>N.º 6749876</td></tr>
</table>

1. Remitente (nombre, domicilio, país)
Expediteur (nom, adresse, pays)
Sender (name, address, country)

CARTA DE PORTE INTERNACIONAL
LETRE DE VOITURE INTERNATIONALE
INTERNATIONAL CONSIGNMENT NOTE

Este transporte queda sometido, no obstante toda cláusula contraria al Convenio sobre el Contrato de Transporte Internacional de mercancías por carretera (CMR)

BLATECKER,
Heerstervel, 35,
Dusseldorf (Alemania)

CMR

Ce transport est soumis, non obstant toute clause contraire, à la Convention relative au Contrat de Transport International de Marchandises par route (CMR)

This carriage is subject, not withstanding any clause to the contrary, to the Convention on the Contract for the International Carriage of the goods by road (CMR)

2. Consignatario (nombre, domicilio, país)
Destinataire (nom, adresse, pays)
Consignee (name, address, country)

MECATODO, SA,
C/Bari, 310 de Plataforma Log. Zaragoza,
50197 Zaragoza (España)

16. Porteador (nombre de la empresa, domicilio, país)
Transporteur (nom, adresse, pays)
Carrier (name, address, country)

INTERTRANS, SA
Pol. Ind. nº 2, parcela B73,
28936, Móstoles (Madrid) ESPAÑA

3. Lugar de entrega de la mercancía (localidad, país)
Lieu prévu pour la libración de la marchandise (lieu, pays)
Place of delivery of the goods (place, country, date)

Matrículas de los vehículos/*Registration number:*

5738-FDS   R-1985-DCL

C/Bari, 310 de Plataforma Log. Zaragoza,
50197 Zaragoza (España)

17. Porteadores sucesivos (nombre, domicilio, país)
Transporteur successifs (nom, adresse, pays)
Succesives carriers (name, address, country)

4. Lugar y fecha de carga de la mercancía (localidad, país, fecha)
Lieu et date de la prise en charge de la marchandise (lieu, pays, date)
Place and date of taking over the goods (place, country, date)

Heerstervel, 35,
Dusseldorf (Alemania) 22/2/2011   12:00

18. Reservas y observaciones del porteador
Carriers reservations and observations

Embalaje defectuoso en 4 de los 28 europalés

5. Documentos anexos/ *Documents annexes/ Documents attached*

Packing list y factura comercial

6. Marcas y número *Marques et numero* *Marks and number*	7. Número de bultos *Numero des colis* *Number packages*	8. Clase de embalaje *Mode d'emballage* *Kind of packing*	9. Naturaleza de la mercancía *Nature de la marchandise* *Nature of the goods*	10. N.º estadístico *N.º statistique* *Statistical number*	11. Peso bruto (kg) *Kg poids brut* *Gross weight*	12. Volumen m³ *Cubage m³* *Volume in m³*
BLATECKER **28 Europalés**	**448**	**Cajas plástico**	**Herramientas eléctricas** *Electric tools*		**14368**	

Cargados por el remitente **28**	Devueltos al remitente **28**	Entregados al destinatario **28**	Devueltos por el destinatario **28**

Clase *Class*	Número *Number*	Letra *Letter*	(Acuerdo ADR) *(Agreement ADR)*

13. Instrucciones del expedidor/remitente
Instructions de l'expediteur
Sender's instructions

Fecha y hora de entrega/plazo:
24/2/2011 entre las 17:00 y las 18:00 h.

Día/Hora de llegada a cargar: 11:00 h.
Día/Hora de salida de cargar: 16:00 h.
Día/Hora de llegada a entregar: 18:00 h.
Día/Hora de salida de entregar: 22:00 h.

19. Estipulaciones particulares/ *Conventions particulières/ Special agreements*
Son de aplicación las condiciones acordadas en la orden de transporte 678490 de 21/2/2011.
Las partes intervinientes en este contrato se someten expresamente y para la resolución de cuantas cuestiones y controversias puedan derivarse de este contrato a la Junta Arbitral de Transporte de Madrid (España).

20. A pagar por: *To be paid for:*	Remitente *Sender*	Moneda *Currency*	Consignatario *Consignee*
Precio del porte *Carriage charges* Descuentos *Deductions*			
Neto *Balance* Otros cargos *Other charges*			
Total			

14. Forma de pago/ *Prescriptions dâffranchissement/ Method of payment*

[ ] Porte pagado/*Carriage paid*

[X] Porte debido/*Awaiting payment* **FCADusseldorf/Alemania**

21. Formalizado en **Dusseldorf** a   **22/2/11**
Etablie   à   le
Established in   on

15. Reembolso a cobrar en destino/*Cash on delivery*

22. **BLATECKER,** **Heerstervel, 35,** **Dusseldorf (Alemania)**	23. **INTERTRANS, SA** **Pol. Ind. nº 2, parcela B73,** **28936, Móstoles (Madrid) España**	24. **MECATODO, SA** **Bari, 310** **Plataforma Logística Zaragoza** **50197 Zaragoza (España)** **24/2/2011**
Firma y sello del remitente *Signature et timbre de l'expediteur* *Signature and stamp of the sender*	Firma y sello del transportista *Signature et timbre du transporteur* *Signature and stamp of the carrier*	Firma y sello del consignatario *Signature et timbre du destinataire* *Signature and stamp of the consignee*

Figura 6.5. Ejemplar 2 para el destinatario de la carta de porte CMR de la operación (incluye las firmas del expedidor/vendedor, transportista y destinatario/comprador y cargador).

<table>
<tr><td colspan="2" align="center">SOLICITUD DE INTERVENCIÓN DE LA JUNTA ARBITRAL DE TRANSPORTE DE MADRID</td></tr>
<tr><td colspan="2">1. Solicitante</td></tr>
<tr><td>Nombre o razón social:
INTERTRANS, SA</td><td>Dirección: Pol. Ind. 2, parcela B73,
28936 Móstoles (Madrid) España</td></tr>
<tr><td colspan="2">2. Representante</td></tr>
<tr><td>Apellidos y nombre: DNI</td><td>Dirección:</td></tr>
<tr><td colspan="2">3. Reclamado</td></tr>
<tr><td>Nombre o razón social:
MECATODO, SA</td><td>Dirección:
C/Bari, 310. Plataforma Logística Zaragoza,
50197 Zaragoza (España)</td></tr>
<tr><td colspan="2">4. Cantidad en la que se valora económicamente la reclamación</td></tr>
<tr><td colspan="2">El demandante cuantifica económicamente la reclamación en 2.030 €</td></tr>
<tr><td colspan="2">5. Hechos y fundamentos jurídicos de la reclamación</td></tr>
<tr><td colspan="2">El pasado día 21 de febrero la reclamante INTERTRANS, SA, contrató como porteador con la empresa cargadora MECATODO, SA, un transporte internacional por carretera de herramientas eléctricas desde Dusseldorf (Alemania) hasta Zaragoza, donde tiene el domicilio la empresa demandada. MECATODO, SA, remitió orden de transporte número 678490 a Intertrans en la que se indicaban los datos de la operación de transporte y su aceptación de las condiciones del mismo. Se adjunta a esta solicitud de intervención copia de dicha orden de transporte.
Intertrans procedió al desarrollo de la operación y el vehículo con matrículas 5738-FDS y R-1985-DCL se presentó en el almacén del expedidor en Dusseldorf el día 22 de febrero de 2011.
En el proceso de carga y formalización de la carta de porte CMR el chófer advirtió defectos en el embalaje de 4 europalés que el expedidor no quiso subsanar por lo que el chófer hizo constar las reservas oportunas en el casilla 18 del CMR 6749876 que fue firmado por expedidor y transportista. Se adjunta a esta solicitud de intervención copia de dicho CMR donde constan las reservas.
Se generaron paralizaciones tanto en origen como en destino que, en aplicación de la condición quinta de la orden de transporte, supusieron un suplemento en el precio del transporte inicial de 180 €.
Tras la entrega en destino se confirmaron daños a las mercancías que habían sido transportadas en los 4 europalés que presentaron defectos en el embalaje. Así se hizo constar al destinatario al que se le indicó que un defecto en el embalaje es causa de exoneración del porteador en aplicación del artículo 17.4 letra b) del Convenio CMR de aplicación al contrato de transporte internacional por carretera.
Habiendo sido presentada al cargador MECATODO, SA, la factura por el servicio de transporte internacional correctamente realizado no hemos recibido el pago por la misma en plazo (30 días desde su emisión) y se ha argumentado por parte del cargador que debemos indemnizarle por los daños causados durante el transporte y por los que, como ya hemos argumentado, no tenemos responsabilidad.
Habiendo dirigido diferentes comunicaciones y peticiones de pago al cargador todas rechazadas solicitamos a la Junta Arbitral de Transporte de Madrid, competente por acuerdo de sometimiento expreso incluido en la carta de porte CMR, su intervención para hacer valer nuestro derecho y poder cobrar de MECATODO, SA, el importe de 2.030 € que se corresponde con el servicio realizado.</td></tr>
<tr><td colspan="2">Documentación adjunta a esta solicitud que aporta la parte reclamante:
Orden de transporte 678490 de fecha 21/2/2011
Carta de porte CMR número 6749876
Factura de transporte de fecha 1 de marzo con vencimiento 1 de abril de 2011
Reclamación de pago al cargador de fecha 1 de mayo de 2011</td></tr>
<tr><td>Firma del solicitante Madrid a 1 de junio de 2011</td><td>Registro de entrada</td></tr>
<tr><td colspan="2">Dirección General de Transportes de la Comunidad de Madrid</td></tr>
</table>

Figura 6.6 Solicitud de intervención que el transportista dirige a la Junta Arbitral de Transporte de Madrid ante el impago del cargador.

por los que el comprador presenta una factura ajustada a su valor en origen por un importe de 3.485 €.

Teniendo en cuenta que el límite de responsabilidad es 2.968,8 € (324 kg × 8,33 DEG × 1,1 €), al comparar ambas cantidades se deduce que la indemnización será de como máximo 2.968,8 €.

3 Reclamación por daño a la mercancía y su relación con las reservas del porteador

Vamos a plantear ahora que el envío llega a destino con daños en la mercancía transportada en cuatro europalés y que el conductor alega que se debe a los defectos en el embalaje, que él mismo hizo constar como reserva en la casilla 18 «Reservas y observaciones del porteador» de la carta de porte CMR.

Aun advirtiendo de la situación al expedidor, éste no arregló los defectos en el embalaje ni sustituyó la mercancía, por lo que la responsabilidad, argumenta el transportista, sobre los daños que se le reclaman no le corresponden al quedar exonerado en aplicación del artículo 17.4 b) del Convenio CMR.

4 Impago de portes y solicitud de intervención de la junta arbitral por parte del porteador

El argumento del transportista está sujeto a norma y debiera ser exonerado de responsabilidad; sin embargo, el comprador insiste en atribuírsela y solicitarle una indemnización por el valor de la mercancía a la que el porteador no accede. Para presionar al transportista, el comprador/cargador decide, llegado el momento, no pagar la factura del servicio de transporte que le presenta el transportista. Agotadas las negociaciones y los intentos de cobro al cargador, el transportista solicita la intervención de la junta arbitral mediante la solicitud que se muestra en la figura 6.6.

Bibliografía

– *Gestión del transporte,* Jaime Mira y David Soler, Editorial Marge Books, Barcelona, 2010.

– *El contrato de transporte internacional. CMR,* Francisco José Sánchez-Gamborino, Editorial Tecnos, SA, Madrid, 1996.

– *La responsabilidad del porteador en el transporte internacional de mercancías por carretera, CMR,* Fernando Martínez Sanz, Editorial Comares, Granada, 2002.

– *CMR: Manual Práctico,* Francisco José Sánchez-Gamborino, Editorial Fundación Francisco Corell, Madrid, 2000.

– *Factbook transportes de mercancías por carretera,* Francisco José Sánchez-Gamborino y Juan Gaitán Rebollo, Editorial Aranzadi, SA, Navarra, 2003.

– *El seguro de las mercancías en el transporte,* Albert Badía y Felipe Arizón, Editorial Marge Books, Barcelona, 2009.

– *El contrato de seguro de transporte de mercancías por carretera,* Josefina Boquera Matarredona, Editorial Tirant lo Blanch, Valencia, 2002.

– *El seguro de transporte. Manual práctico,* Francisco José Sánchez-Gamborino, Editorial Fundación Francisco Corell, Madrid, 2007.

– *Guía del transporte frigorífico, Instituto Internacional del Frío,* A. Madrid Vicente Ediciones y Ediciones Mundiprensa, Madrid, 2002.

www.ingramcontent.com/pod-product-compliance
Lightning Source LLC
Chambersburg PA
CBHW081252130726
47998CB00010B/2761